Make hay while the sun shines.
(해가 비치는 동안 건초를 말려라.)

※ 누구에게나 좋은 기회가 올 수 있으며, 그 기회를 놓치지 말고 잘 활용해야 한다는 격언입니다.

아이의 튼튼한
공부 기초를 만드는
바탕다지기

한동오 지음

3 완성편

에듀인사이트

영어 문장이 저절로 써지는 어순 감각 트레이닝북!

영어 문장 바탕 다지기·3

초판 1쇄 발행 2016.12.21 | 지은이 한동오 | 펴낸이 한기성 | 펴낸곳 에듀인사이트(인사이트)
기획 ·편집 신승준 | 일러스트 오돌 | 본문 디자인 씨디자인 | 표지 디자인 오필민 | 전산편집 지누커뮤니케이션
녹음 로드런너코리아 | 인쇄 · 제본 서정바인텍 | 베타테스터 김시연, 임민재, 이한서, 정민서, 최예담
등록번호 제10-2313호 | 등록일자 2002년 2월 19일 | 주소 서울시 마포구 잔다리로 119(서교동) 석우빌딩 3층
전화 02-322-5143 | 팩스 02-3143-5579 | 홈페이지 http://edu.insightbook.co.kr
페이스북 http://www.facebook.com/eduinsightbook | 이메일 edu@insightbook.co.kr
ISBN 978-89-6626-714-9 64740
SET 978-89-6626-708-8

MP3 파일은 다음에서 다운로드 할 수 있습니다.
- 바다공부방 카페 자료실 : http://cafe.naver.com/eduinsight
- 홈페이지 자료실 : http://edu.insightbook.co.kr

책값은 뒤표지에 있습니다. 잘못 만들어진 책은 바꾸어 드립니다.
정오표는 http://edu.insightbook.co.kr/library에서 확인하실 수 있습니다.

어순을 익히면 영어 문장이 쉬워져요!

l. 우리는 왜 이렇게 영어를 힘들게 배우고 있을까요?

흔히 우리는 영어를 배우기가 매우 힘들다고 말합니다. 초등학교 3학년 때부터 대학교를 졸업할 때까지 어림잡아도 무려 12년간을 공부하는데, 실제로 그렇게 공부하고서도 영어를 유창하게 잘하는 분들은 손에 꼽을 정도입니다. 그렇다면 그 수많은 세월을 배우고도 왜 우리는 이토록 영어를 잘하지 못하는 걸까요? 많은 이유가 있겠지만 그 중 가장 큰 이유는 바로 '어순의 차이' 때문입니다. '어순'이란 말 그대로 '말의 순서'를 일컫습니다. 근본적으로 국어와 영어는 말의 순서 자체가 다릅니다. 순서가 다르기 때문에 머릿속에서 말을 조합하는 과정도 다를 수밖에 없고, 자꾸 우리말에 맞춰서 영어를 꿰어 맞추다 보니 선뜻 영어가 자연스럽게 흘러나오지 못하게 되는 거죠.

2. 어순 원리의 중요성

하지만 모든 공부가 그렇듯, 영어도 그 원리를 알고 접근한다면 무턱대고 읽고, 쓰고, 외우는 것보다 큰 효과를 얻을 수 있습니다. 특히나 우리는 영어를 사용하는 데 환경적 제약이 있기 때문에 영어의 원리에 대한 이해와 훈련이 매우 중요합니다. 그 학습 원리에 대한 핵심은 바로 '어순 훈련'입니다. 영어 문장이 만들어지는 순서를 깨닫고, 그 순서대로 말하는 훈련을 해 나간다면 훨씬 더 영어를 쉽고 빠르게 배울 수 있습니다.

3. 어순 감각 훈련의 바이블 〈영어 문장 바탕 다지기〉 시리즈

〈영어 문장 바탕 다지기〉(전 3권) 시리즈는 각종 이미지를 활용하여 영어의 어순을 순차적으로 연습하도록 설계하였습니다. 아이의 뇌가 아직 유연할 때 훈련된 영어의 어순 감각은 평생 영어의 기틀이 될 것입니다. 본 교재를 재미있게 활용하여 영어식 사고와 높은 수준의 영어 실력을 갖추는 발판을 마련하시길 바랍니다.

2016년 6월 저자 한동오

영어 문장을 생각하는 핵심, 어순 감각

"영어는 취학 전부터 해야 한다."
"영어 비디오도 많이 보고, 리딩 책도 많이 읽다 보면 저절로 영어 실력이 는다."
"유학을 갔다 오면 귀가 트이고, 입이 열린다."

어느 정도 영어에 관심을 두고 있는 학부모라면 주위에서 위와 같은 조언들을 한두 번쯤은 들어 보셨을 겁니다. 전부 일리가 있고 맞는 이야기입니다. 하지만 영어를 위해 취학 전부터 영어 비디오를 많이 보여 주고, 책도 많이 읽어 주며, 유학까지 보내는 일은 결코 만만한 일이 아닙니다. 위의 말에 다들 공감은 하시겠지만 막상 해보려고 하면 선뜻 엄두가 나지 않으실 것입니다. 영어를 제2 언어나 공용어로 활용하는 ESL(English as a Second Language) 환경의 나라에서나 적용할 만한 일이겠지요. 하지만 대한민국은 집 밖으로 한 발짝만 나가도 영어를 배우는 데 제약이 많은 전형적인 EFL(English as a Foreign Language) 환경의 나라입니다. 많이 읽고, 쓰고, 듣고, 말하는 환경을 구현하기가 현실적으로 매우 어렵다는 말이지요.

〈영어 문장 바탕 다지기〉 시리즈는 이러한 학부모님들의 고민을 해결해 주고자 만들어진 교재입니다. 특히 영어를 익히고 배우는 데 있어서 중요한 '어순 감각'을 익히는 훈련 교재입니다. 흔히 일본어는 배우기 쉬운데, 영어는 좀처럼 배우기가 쉽지 않다는 말을 듣습니다. 그 가장 큰 이유는 무엇일까요? 바로 '어순'의 차이 때문입니다. 다시 말해 일본어와 한국어는 어순이 같아서 문장을 만들거나 회화를 하는 것이 비교적 쉬운데 반해 영어는 우리와 어순이 달라서 처음부터 단어 연결이 어렵고 어색하다는 것입니다.

영어는 크게 두 가지 면에서 우리말과 다릅니다.

첫째, 영어는 단어의 순서가 매우 중요합니다. 간단히 예를 들면 이렇습니다.

① 우리말 : 톰이 제인을 좋아한다. (톰과 제인의 순서를 바꿔도 뜻이 바뀌지 않음)
② 영어 : Tom likes Jane. (Tom과 Jane의 순서를 바꾸면 뜻이 바뀜)

영어는 순서에 따라 의미가 변할 수 있는 언어입니다.

둘째, 영어는 순차적으로 생각하는 언어입니다. 순차적 사고라는 것은 가까운 것에서 먼 것까지 혹은 시간 순으로 차근차근 하나씩 설명해 나가는 방식을 말합니다. 예를 들어 '내가 학교에 간다.'라는 말은 영어로 'I go to the school.'이 됩니다. 주인공인 내가 가고 결국 학교에 도착한다는 것입니다.

● **영어의 어순**

문장의 주인공	→	행동	→	최종 목적지
I		**go**		**to the school.**

문장의 주인공인 '나'와 최종 목적지인 '학교'가 서로 떨어져 있습니다.

반면에 우리말은 어떻습니까? 주인공인 '나'가 나오는 것은 동일하지만 목적지인 '학교'라는 말이 바로 나옵니다. 그리고나서 '간다'라는 표현이 마지막으로 뒤따릅니다. 우리말은 시간적 혹은 공간적 순서에 의한 언어가 아니며, 목적 중심의 언어라는 것을 알 수 있습니다.

● **우리말의 어순**

문장의 주인공	→	최종 목적지	→	행동
나는		**학교에**		**갑니다.**

'나'의 위치는 영어와 같지만 우리말에서는 '최종 목적지'가 먼저 나옵니다.

그렇다면 이러한 구조적인 문제는 어떻게 해결해야 할까요? 우리 자녀들이 이 문제를 극복할 수 있는 방법은 없을까요? 그 방법은 지금이라도 당장 순차적인 표현을 익히도록 훈련하는 것입니다. 영어의 원리를 자연스럽게 습득하도록 훈련하십시오. 그렇게 훈련된 아이들은 영어 작문이 달라집니다. 영어 말하기도 정확하게 바뀝니다. 많은 사람들이 생각하는 단어, 문법, 독해도 물론 필요한 부분이지만 사실은 그들이 간과하고 있는 것이 있습니다. 영어의 어순 감각이 가장 기본이 된다는 것입니다.

영어의 문장이 이루어지는 순서를 깨닫고, 그 순서대로 말을 할 수 있는 훈련을 해나 간다면 훨씬 더 영어를 쉽고 빠르게 배워 나갈 수 있을 것입니다.

1단계 문장의 재료가 되는 단어를 먼저 알아봐요!

UNIT에 대한 학습을 하기에 앞서, 각 Chapter별로 미리 숙지해야 할 단어들을 따로 정리해 놓았습니다. 별도로 마련된 음성 파일을 들으며 학습에 필요한 단어들을 먼저 숙지합니다.

음성 파일(MP3)을 다운로드 하는 곳.
- 홈페이지 자료실 : http://edu.insightbook.co.kr
- 바다공부방 카페 자료실 : http://cafe.naver.com/eduinsight

2단계 그림 이미지를 보면서 영어 문장이 만들어지는 과정을 익혀요!

그림을 먼저 보면서 문장의 요소들이 어떤 순서로 어떻게 배열되는지 생각해 봅니다. 왼쪽 문장의 주인공으로부터 시작해서 가까운 것에서 먼 곳까지 눈으로 따라가며 어순을 익힙니다.

3단계 기본적인 규칙도 알면 좋아요!

영어 문장에는 문장을 이루는 여러 규칙이 있는데 그것을 '문법'이라고 합니다. 이 규칙들은 문장을 만들기 위해서 꼭 필요한 요소들이므로 반드시 익혀 놓아야만 합니다.

4단계 영어 문장을 큰 소리로 따라서 읽어 보세요!

먼저 음성 파일을 들어본 후 그와 비슷하게 발음하려고 노력하면서 큰 소리로 읽어 봅니다. 여러 번 입에 붙을 때까지 읽어나가다 보면 영어 문장에 대한 감각이 생기게 됩니다.

5단계 영어 문장 쓰기 훈련을 해보세요!

각 UNIT별로 반복되는 부분이 많아서 이 훈련만 제대로 따라해도 문장이 만들어지는 기본 원리를 확실하게 이해할 수 있습니다. 혹시 이해되지 않은 문장은 비워두시고, 일단 끝까지 채워본 다음 이전 페이지를 참고하면서 다시 한 번 써 봅니다.

6단계 총 복습으로 마무리!

4개의 UNIT이 끝날 때마다 항상 복습할 수 있는 코너입니다. 모르는 문제가 나와도 당황하지 말고 일단 끝까지 푼 다음, 틀린 문제는 정답을 보면서 다시 한번 복습해 봅니다.

Contents

Chapter 3 3형식 어순 익히기

Chapter 4 4형식 어순 익히기

Chapter 5 5형식 어순 익히기

본문 학습 전에 꼭 익혀 두세요!

① 단어의 성격에 따른 명칭

학습을 시작하기에 앞서, 몇 가지 용어를 배워볼 거예요. 일단 그 용어들의 뜻이 무엇인지 잘 파악해보구요,
우리들만의 약속으로 그 뜻을 나타낼 때마다 간단하게 이 용어들로 표시하여 이해하도록 해요.

---

❶ 명사

어떤 사람이나 사물을 부르는 이름을 나타내는 말이에요. 그리고 크게 숫자로 셀 수 있는 것과 셀 수 없는 것으로 나눠져요.

> **ex** · **셀 수 있는 명사** friend (친구), book (책), desk (책상) 등
>   → three friends, four books, two desks 등으로 쓸 수 있어요.
> · **셀 수 없는 명사** water (물), salt (소금), gold (금) 등
>   → 셀 수 없는 명사 뒤에 s를 붙여서는 안돼요.

❷ 대명사

사람이나 사물의 이름을 대신해서 쓰는 말이에요. 즉 남자 이름인 Tom은 He(그), 여자 이름인 Jane은 She(그녀) 등으로 간단히 줄여 쓸 수 있어요.

> **ex** I (나) You (너) He (그) She (그녀) It (그것) We (우리) They (그들)

❸ 동사

사람이나 사물의 움직임(동작)이나 상태를 나타낼 때 쓰는 말이에요.

> **ex** · **동작 동사** go (가다), study (공부하다) 등
> · **상태 동사** like (좋아하다), live (살다), know (알다) 등

❹ 형용사

사람이나 사물의 성질이나 상태가 어떠한지 꾸며주는 말이에요. 주로 '어떠한'에 해당하는 말들이에요. 우리말로는 끝에 ㄴ(니은)이 들어가지요.

> **ex** pretty (예쁜) wise (영리한) rich (부유한) big (큰) 등

❺ 부사

동사나 형용사 등을 꾸며주는 말이에요. 주로 '어떻게', '언제', '어디서' 등에 해당하는 말들이에요.

> **ex** fast (빠르게) slowly (느리게) yesterday (어제) here (여기)

❻ 전치사

명사나 대명사 앞에 와서 장소나 시간, 목적이나 이유 등의 의미를 더해줄 때 쓰는 말이에요.

> **ex** to (〜으로) on (〜 위에) with (〜와 함께) for (〜을 위해) in (〜 안에)

② 문장에서의 주요 역할

앞에서 배운 각 단어들은 문장 속에서 일정한 역할을 맡게 돼요.
이번에는 그 단어들을 나열하면서 생기는 역할에 대해 알아 보도록 해요.

**❶ 주어
(S)**

어떤 동작이나 상태의 주인공을 나타내는 말이며 영어 문장에서는 항상 빠지지 않고
나와야 해요. 우리말의 '~은, ~는, ~이, ~가'에 해당하는 말이에요.

> **ex** I am a student. (나는 학생이다.) | He is happy. (그는 행복하다.)

**❷ 동사
(V)**

사람이나 동물이 행동하는 어떤 동작이나 상태를 나타내는 말이에요. 주어와 마찬가
지로 동사도 어떤 문장이든지 반드시 나와야 해요.

> **ex** • **동작 동사** I go to the school. (나는 학교에 간다.)
> • **상태 동사** I know the name. (나는 그 이름을 안다.)

**❸ 목적어
(O)**

동사의 대상을 나타내는 말이에요. 예를 들어 '만들다'라는 동사가 있을 때, 만들어지
는 '대상'을 바로 '목적어'라고 불러요. 우리말의 '~을, ~를'에 해당하는 말이에요.

> **ex** I like you. (나는 너를 좋아한다.) | She makes a toy. (그녀는 장난감을 만든다.)

**❹ 보어
(C)**

주어가 어떤 상태인지를 보충해줄 때 쓰는 말이에요. 크게 주어와 같은 의미를 지니는
명사와 주어의 상태를 설명해주는 형용사로 나눌 수 있어요.

> **ex** I am a student. (나는 학생이다.) | He is happy. (그는 행복하다.)

**❺ 간접목적어
(I · O)**

주어가 누구에게 무엇을 어떻게 했다고 나타낼 때 '누구에게'를 가리키는 말이에요. 우
리말로는 '~에게'에 해당하는 말이에요.

> **ex** I gave him a book. (나는 그에게 책을 주었다.)
> They told me the story. (그들은 내게 그 이야기를 해주었다.)

**❻ 직접목적어
(D · O)**

주어가 누구에게 무엇을 어떻게 했다고 나타낼 때 '무엇을'을 가리키는 말이에요. 우리
말로는 '~을, ~를'에 해당하는 말이에요.

> **ex** I gave him a book. (나는 그에게 책을 주었다.)
> They told me the story. (그들은 내게 그 이야기를 해주었다.)

본문 학습 전에 꼭 익혀 두세요!

③ 문장의 5형식

이제는 문장의 5형식을 알아보도록 해요. 문장의 5형식이란 앞에서 배운 여러 요소들이 나열되는 규칙을 다섯 가지 형식으로 나타낸 거예요. 영어의 문장이 아무리 길고 복잡해도 결국 이 다섯 가지 형식을 벗어나지 않아요. 이처럼 문장을 구성하는 요소들이 아무렇게나 배열되는 것은 아니고 위의 다섯 가지 형식 안에서 배열이 돼요.

---

❶ **1형식** 주어와 동사만으로도 가장 기본적인 뜻이
성립될 수 있는 문장을 말해요.

 나는 간다.

주어 동사

I go(나는 간다.)
이 말로도 뜻이
충분히 통하는데.

> ex go (가다), live (살다), move (이동하다), come (오다), run (달리다), walk (걷다) 등

❷ **2형식** 주어와 동사만으로는 뜻이 완성되지 않아서 동사 뒤에
보충해 주는 말이 있어야 하는 문장을 말해요.

 나는 행복하다.

주어 동사   보어

I am.(나는 ~이다.)
만으로는 뜻이 안 통하니까
뒤에 happy(행복한)를
넣어 주었구나.

> ex am (~이다), are (~이다), is (~이다), look (~처럼 보이다),
> smell (~한 냄새가 나다), sound (~처럼 들리다), taste (~한 맛이 나다),
> feel (~하게 느끼다) 등

❸ 3형식   동사의 행위에 대한 대상이 꼭 나와야 하는 문장을 말해요.

I **have** **apples.**   나는 사과들을 가지고 있다.

주어   동사   목적어

> ex   have (가지다), eat (먹다), like (좋아하다), study (공부하다), watch (보다), see (보다) 등

have(가지고 있다) 라는 말 뒤엔 무엇을 가지고 있는지 반드시 나와야겠구나.

❹ 4형식   동사의 성격상 그 뒤에 '~에게'와 '~을, ~를'에 해당하는 말이 반드시 나와야 하는 문장을 말해요.

I **give** **him** **a book.**   나는 그에게 책 한 권을 준다.

주어   동사   간접목적어   직접목적어

> ex   give (주다), show (보여주다), lend (빌려주다), promise (약속하다), buy (사다), order (명령하다) 등

give(주다)라는 말은 누구에게 무엇을 주었는지가 반드시 필수 요소로 나와야겠구나.

❺ 5형식   목적어가 그 목적어를 보충해 주는 목적보어까지 꼭 나와야 하는 문장을 말해요.

I **think** **him** **an actor.**   나는 그가 배우라고 생각한다.

주어   동사   목적어   목적보어

> ex   want (원하다), make (만들다), hear (듣다), think (생각하다), call (부르다), help (도와주다) 등

동사 뒤에 나오는 him(그가) 무엇인지를 또 한번 설명해 주고 있구나.

학습계획표

자, 이제 본격적으로 학습을 시작해 보도록 해요. 항상 어떤 일이든지 계획을 세워놓고, 차근차근 규칙적으로 해나가는 자세가 중요하겠지요? 아래의 계획표대로 꾸준히 실천하면서 즐겁게 공부해 보세요.

Week 1	1일 차	2일 차	3일 차	4일 차	5일 차	6일 차
학습 내용	Chapter 1 UNIT 1	Chapter 1 UNIT 2	Chapter 1 UNIT 3	Chapter 1 UNIT 4	Practice 1	총 복습
학습 체크						
학습한 날짜	/	/	/	/	/	/

Week 2	7일	8일 차	9일 차	10일 차	11일 차	12일 차
학습 내용	Chapter 2 UNIT 5	Chapter 2 UNIT 6	Chapter 2 UNIT 7	Chapter 2 UNIT 8	Practice 2	총 복습
학습 체크						
학습한 날짜	/	/	/	/	/	/

Week 3	13일 차	14일 차	15일 차	16일 차	17일 차	18일 차
학습 내용	Chapter 3 UNIT 9	Chapter 3 UNIT 10	Chapter 3 UNIT 11	Chapter 3 UNIT 12	Practice 3	총 복습
학습 체크						
학습한 날짜	/	/	/	/	/	/

Week 4	19일 차	20일 차	21일 차	22일 차	23일 차	24일 차
학습 내용	Chapter 4 UNIT 13	Chapter 4 UNIT 14	Chapter 4 UNIT 15	Chapter 4 UNIT 16	Practice 4	총 복습
학습 체크						
학습한 날짜	/	/	/	/	/	/

Week 5	25일 차	26일 차	27일 차	28일 차	29일 차	30일 차
학습 내용	Chapter 5 UNIT 17	Chapter 5 UNIT 18	Chapter 5 UNIT 19	Chapter 5 UNIT 20	Practice 5	총 복습
학습 체크						
학습한 날짜	/	/	/	/	/	/

Chapter 1

1형식 어순 익히기

주어

동사

✓CHECK UP!

단어를 들으며 5번씩 따라 읽어 보세요!

🎧3-01 UNIT 01

in
~ 안에서

at
~에서

on
~ 위에서

playground
운동장

classroom
교실

spot
장소

station
역

grass
풀밭

stand
서 있다

stayed
머물렀다

stopped
멈췄다

will fly
날 것이다

will dance
춤출 것이다

🎧3-03 UNIT 02

goes
가다

visited
방문했다

bring
데려오다

🎧3-05 UNIT 03

smile
웃다

spoke
말했다

but
그러나

and
그리고

or
또는

cry
울다

listened
들었다

wrote
썼다

🎧3-07 UNIT 04

There is (are)
~이 있다

There was (were)
~이 있었다

There will be
~이 있을 것이다

ducks
오리들

pencil
연필

erasers
지우개들

apples
사과들

table
탁자

pond
연못

drawer
서랍

ground
땅

box
상자

The boy in the playground runs.

그 운동장 안에서 그 소년이 달린다.

STEP 1   그림으로 이해하기

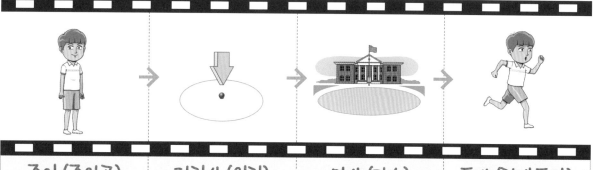

주어 (주인공)	전치사 (위치)	명사 (장소)	동사 (현재 동작)
The boy	in	the playground	runs
그 소년이	~ 안에서	그 운동장	달린다

 〈주인공 + 위치 + 장소 + 현재 동작〉의 문장 표현

문장의 주인공 뒤에 바로 '전치사 + 명사' 표현이 나와서 주인공을 꾸며 주는 경우도 있어요. 여기서는 '~ 안에서'라는 뜻을 나타내는 전치사와 '장소'를 나타내는 명사가 나왔어요. 이런 전치사들은 항상 뒤에 명사만 데리고 다녀요. 즉, 전치사 뒤에 동사나 형용사, 부사 등은 절대로 올 수가 없어요.

**Quiz
1**

아래의 우리말을 영어로 써 보세요.

＊ 그 운동장 안에서 그 소년이 달린다.

→ _____ .

'전치사'란, 명사 앞에 나와서 어떤 방향, 위치, 장소, 시간 등을 나타내며, 명사와 관련된 뜻을 좀 더 다양하게 표현할 때 써요. 대표적인 전치사와 그 뜻을 살펴보도록 해요.

❶ in ~ 안에서

The boy 그 소년이	in ~ 안에서	the playground 그 운동장	runs 달린다
The girl 그 소녀가	in ~ 안에서	the classroom 그 교실	stands 서 있다

❷ at ~에서

The bus 그 버스가	at ~에서	the spot 그 장소	stayed 머물렀다
The train 그 기차가	at ~에서	the station 그 역	stopped 멈췄다

❸ on ~ 위에서

The fly 그 파리가	on ~ 위에서	the wall 그 벽	will fly 날 것이다
The ant 그 개미가	on ~ 위에서	the grass 그 풀밭	will dance 춤출 것이다

Quiz 2

우리말을 참고하여 (　)에 들어갈 적절한 전치사를 골라 ○ 하세요.

1 The train (at, on) the station stayed.　　그 역에서 그 기차가 머물렀다.

2 The fly (in, on) the grass will dance.　　그 풀밭 위에서 그 파리가 춤출 것이다.

3 The girl (in, at) in the playground runs.　　그 운동장 안에서 그 소녀가 달린다.

🎧 3-02　음성을 들으며 차례대로 2번씩 따라 말해 보세요.

1 ❶ The boy　　　　　　　　　　　　그 소년이

　❷ The boy in the playground　　　　그 소년이 그 운동장 안에서

　❸ The boy in the playground runs.　그 소년이 그 운동장 안에서 달린다.

2 ❶ The girl　　　　　　　　　　　　그 소녀가

　❷ The girl in the classroom　　　　　그 소녀가 그 교실 안에서

　❸ The girl in the classroom stands.　그 소녀가 그 교실 안에서 서 있다.

3 ❶ The bus　　　　　　　　　　　　그 버스가

　❷ The bus at the spot　　　　　　　그 버스가 그 장소에서

　❸ The bus at the spot stayed.　　　그 버스가 그 장소에서 머물렀다.

4 ❶ The train　　　　　　　　　　　그 기차가

　❷ The train at the station　　　　　그 기차가 그 역에서

　❸ The train at the station stopped.　그 기차가 그 역에서 멈췄다.

5 ❶ The fly　　　　　　　　　　　　그 파리가

　❷ The fly on the wall　　　　　　　그 파리가 그 벽 위에서

　❸ The fly on the wall will fly.　　　그 파리가 그 벽 위에서 날 것이다.

6 ❶ The ant　　　　　　　　　　　　그 개미가

　❷ The ant on the grass　　　　　　그 개미가 그 풀밭 위에서

　❸ The ant on the grass will dance.　그 개미가 그 풀밭 위에서 춤출 것이다.

STEP 4　문장의 어순 훈련하기

영어의 어순에 맞게 다음 빈칸을 채워 보세요.

	주어 (주인공)	전치사 (위치) + 명사 (장소)	동사 (동작)
1	그 소년이		
	그 소년이	그 운동장 안에서	
	그 소년이	그 운동장 안에서	달린다
2	그 소녀가		
	그 소녀가	그 교실 안에서	
	그 소녀가	그 교실 안에서	서 있다
3	그 버스가		
	그 버스가	그 장소에서	
	그 버스가	그 장소에서	머물렀다
4	그 기차가		
	그 기차가	그 역에서	
	그 기차가	그 역에서	멈췄다
5	그 파리가		
	그 파리가	그 벽 위에서	
	그 파리가	그 벽 위에서	날 것이다
6	그 개미가		
	그 개미가	그 풀밭 위에서	
	그 개미가	그 풀밭 위에서	춤출 것이다

▶ 정답은 19페이지 참조

I go there to meet her.

나는 그녀를 만나기 위해서 거기에 간다.

STEP 1   그림으로 이해하기

주어 (주인공)	동사 (현재 동작)	부사 (장소)	부사구 (행동하기 위해서)	대명사 (누구)
I	go	there	to meet	her
나는	간다	거기에	만나기 위해서	그녀를

 〈주인공 + 현재 동작 + 장소 + 행동하기 위해서 + 누구〉의 문장 표현

'~하는 것', '~하기' 등을 영어로 표현할 때는 동사 앞에 to를 사용해요. 그런데 '~하기 위해서'라는 뜻을 나타낼 때도 to를 사용해요. 그리고 그 뜻으로 사용된 'to + 동사' 다음에는 '누구를' 혹은 '무엇을'에 해당하는 표현이 나올 수 있어요.

Quiz 1

아래의 우리말을 영어로 써 보세요.

* 나는 그녀를 만나기 위해서 거기에 간다.

→ --- .

❶ '~하기 위해서'의 뜻 만들기

우리말에서 '~하다'라는 말을 '~하기 위해서'라고 나타낼 수 있어요. 그런데 영어에서 이렇게 표현할 때는 '~하다'라는 동사 앞에 to만 붙이면 돼요.

meet 만나다 → to meet 만나기 위해서	bring 데려오다 → to bring 데려오기 위해서
see 보다 → to see 보기 위해서	buy 사다 → to buy 사기 위해서

❷ '~하다' + 장소 + '~하기 위해서' + (무엇/누구)를

go 가다	+	there 거기에	+	to meet 만나기 위해서	+	her 그녀를
goes 가다	+	there 거기에	+	to bring 데려오기 위해서	+	them 그들을
visited 방문했다	+	here 여기에	+	to see 보기 위해서	+	him 그를
will come 올 것이다	+	here 여기에	+	to buy 사기 위해서	+	it 그것을

Quiz 2

우리말을 참고하여 빈칸에 알맞은 말을 영어로 쓰세요.

1 We visited here ＿＿ ＿＿ ＿＿ .　　　　우리는 그녀를 보기 위해서 여기에 방문했다.

2 He goes there ＿＿ ＿＿ .　　　　그는 그들을 만나기 위해서 거기에 간다.

3 I will come here ＿＿ ＿＿ .　　　　나는 그것을 사기 위해서 여기에 올 것이다.

4 They go there ＿＿ ＿＿ .　　　　그들은 그를 데려오기 위해서 거기에 간다.

🎧 3-04 음성을 들으며 차례대로 2번씩 따라 말해 보세요.

1 ❶ I 　　　　　　　　　　　　　 나는

❷ I go 　　　　　　　　　　　　 나는 간다

❸ I go there 　　　　　　　　　　 나는 간다 거기에

❹ I go there to meet 　　　　　　 나는 간다 거기에 만나기 위해서

❺ I go there to meet **her.** 　　　　 나는 간다 거기에 만나기 위해서 **그녀를**

2 ❶ He 　　　　　　　　　　　　 그는

❷ He goes 　　　　　　　　　　 그는 간다

❸ He goes there 　　　　　　　 그는 간다 거기에

❹ He goes there to bring 　　　　 그는 간다 거기에 데려오기 위해서

❺ He goes there to bring **them.** 　 그는 간다 거기에 데려오기 위해서 **그들을**

3 ❶ We 　　　　　　　　　　　　 우리는

❷ We visited 　　　　　　　　　 우리는 방문했다

❸ We visited here 　　　　　　　 우리는 방문했다 여기에

❹ We visited here to see 　　　　 우리는 방문했다 여기에 보기 위해서

❺ We visited here to see **him.** 　 우리는 방문했다 여기에 보기 위해서 **그를**

4 ❶ They 　　　　　　　　　　　 그들은

❷ They will come 　　　　　　　 그들은 올 것이다

❸ They will come here 　　　　　 그들은 올 것이다 여기에

❹ They will come here to buy 　　 그들은 올 것이다 여기에 사기 위해서

❺ They will come here to buy **it.** 　 그들은 올 것이다 여기에 사기 위해서 **그것을**

영어의 어순에 맞게 다음 빈칸을 채워 보세요.

	주어 (주인공)	동사 (동작)	부사 (장소)	부사구 (행동하기 위해서)	대명사 (무엇 / 누구)
1	나는				
	나는	간다			
	나는	간다	거기에		
	나는	간다	거기에	만나기 위해서	
	나는	간다	거기에	만나기 위해서	그녀를
2	그는				
	그는	간다			
	그는	간다	거기에		
	그는	간다	거기에	데려오기 위해서	
	그는	간다	거기에	데려오기 위해서	그들을
3	우리는				
	우리는	방문했다			
	우리는	방문했다	여기에		
	우리는	방문했다	여기에	보기 위해서	
	우리는	방문했다	여기에	보기 위해서	그를
4	그들은				
	그들은	올 것이다			
	그들은	올 것이다	여기에		
	그들은	올 것이다	여기에	사기 위해서	
	그들은	올 것이다	여기에	사기 위해서	그것을

▶ 정답은 23페이지 참조

I smile but you cry.

나는 웃지만 너는 운다.

STEP 1 그림으로 이해하기

주어1 (주인공1)	동사 (현재 동작)	접속사 (연결)	주어2 (주인공2)	동사 (현재 동작)
I	smile	but	you	cry
나는	웃는다	그러나	너는	운다

 〈주인공1 + 현재 동작 + 연결 + 주인공2 + 현재 동작〉의 문장 표현

영어에서 두 개의 문장이나 단어를 연결해야 할 경우가 있어요. 그럴 때는 두 개의 문장이나 단어를 연결하는 말을 그 사이에 써야 해요. 두 문장이 단순하게 나열되면 and(그리고, ~하고), 반대되는 문장이 연결되면 but(그러나, ~지만), 여러 개 중 하나를 고를 때는 or(아니면, 또는) 등을 쓰지요. 그리고 이렇게 연결해 주는 말을 '접속사'라고 불러요.

Quiz 1

아래의 우리말을 영어로 써 보세요.

* 나는 웃지만 너는 운다.

→ _____ .

❶ but (그러나)

뒷문장이 앞문장의 뜻과 반대되는 뜻을 나타낼 때 뒷문장 앞에 'but(그러나)'라는 연결어를 써요.

I smile　나는 웃는다	but　그러나	you cry　너는 운다
┄┄┄ ┄┄┄	┄┄┄	┄┄┄ ┄┄┄

❷ and (그리고)

앞문장과 뒷문장이 단순하게 나열될 때 그 문장을 이어주기 위해 'and(그리고)'라는 연결어를 써요.

He spoke　그는 말했다	and　그리고	she listened　그녀는 들었다
┄┄┄ ┄┄┄	┄┄┄	┄┄┄ ┄┄┄
They read　그들은 읽었다	and　그리고	(They) wrote　(그들은) 썼다
┄┄┄ ┄┄┄	┄┄┄	┄┄┄ ┄┄┄

👉 **한 가지만 더!**
앞문장이 뒷문장에 반복이 될 때 대개 반복되는 부분은 생략하고 써요.
ex) She can speak and (she can) listen. 그녀는 말할 수 있고 들을 수 있다.

❸ or (또는)

앞문장과 뒷문장 중 선택을 해야 하는 상황을 나타낼 때는 'or(또는)'라는 연결어를 써요.

We will run　우리는 달릴 것이다	or　또는	walk　걸을 것이다
┄┄┄ ┄┄┄ ┄┄┄	┄┄┄	┄┄┄

👉 **한 가지만 더!**
위의 문장도 앞문장에 이미 'We will'이라는 말이 있으므로 중복을 피하기 위해 뒷문장에는 동사 walk만 써 주면 돼요.

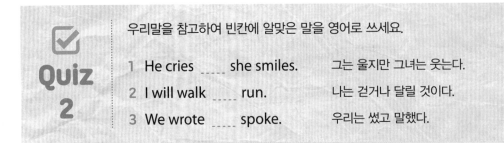

Quiz 2

우리말을 참고하여 빈칸에 알맞은 말을 영어로 쓰세요.

1　He cries ＿＿＿ she smiles.　　그는 울지만 그녀는 웃는다.
2　I will walk ＿＿＿ run.　　나는 걷거나 달릴 것이다.
3　We wrote ＿＿＿ spoke.　　우리는 썼고 말했다.

3-06 음성을 들으며 차례대로 2번씩 따라 말해 보세요.

1 ❶ I   나는

   ❷ I smile   나는 웃는다

   ❸ I smile but   나는 웃는다 그러나

   ❹ I smile but you   나는 웃는다 그러나 너는

   ❺ I smile but you cry.   나는 웃는다 그러나 너는 운다.

2 ❶ He   그는

   ❷ He spoke   그는 말했다

   ❸ He spoke and   그는 말했다 그리고

   ❹ He spoke and she   그는 말했다 그리고 그녀는

   ❺ He spoke and she listened.   그는 말했다 그리고 그녀는 들었다.

3 ❶ They   그들은

   ❷ They read   그들은 읽었다

   ❸ They read and   그들은 읽었다 그리고

   ❹ They read and wrote.   그들은 읽었다 그리고 썼다.

4 ❶ We   우리는

   ❷ We will run   우리는 달릴 것이다

   ❸ We will run or   우리는 달릴 것이다 또는

   ❹ We will run or walk.   우리는 달릴 것이다 또는 걸을 것이다.

STEP 4 문장의 어순 훈련하기

영어의 어순에 맞게 다음 빈칸을 채워 보세요.

주어 1 (주인공 1)	동사 (동작)	접속사 (연결)	주어 2 (주인공 2)	동사 (동작)
1 나는				
나는	웃는다			
나는	웃는다	그러나		
나는	웃는다	그러나	너는	
나는	웃는다	그러나	너는	운다
2 그는				
그는	말했다			
그는	말했다	그리고		
그는	말했다	그리고	그녀는	
그는	말했다	그리고	그녀는	들었다
3 그들은				
그들은	읽었다			
그들은	읽었다	그리고		
그들은	읽었다	그리고		썼다
4 우리는				
우리는	달릴 것이다			
우리는	달릴 것이다	또는		
우리는	달릴 것이다	또는		걸을 것이다

▶ 정답은 27페이지 참조

There is a book on the table.

그 탁자 위에 책 한 권이 있다.

STEP 1   그림으로 이해하기

There + be 동사 (현재 상태)	주어 (주인공)	전치사 (위치) + 명사 (장소)
There is	a book	on the table
~이 있다	책	그 탁자 위에

 〈There + 현재 상태 + 주인공 + 위치 + 장소〉의 문장 표현

'There is ~'나 'There are ~'는 '~이 있다'라는 뜻을 지니고 있어요. 이 때 There는 따로 해석하지 않고 be동사와 함께 문장의 주인공 앞에 써 줘요. There is 다음에는 'There is a book.'처럼 사람이나 사물이 하나인 경우만 와요. There are 다음에는 'There are two books.'처럼 사람이나 사물이 둘 이상인 경우가 와요.

Quiz 1

아래의 우리말을 영어로 써 보세요.

* 그 탁자 위에 책 한 권이 있다.

→ _____ .

❶ There is ~이 있다 (단수) & There are ~이 있다 (복수)

'There is'는 문장의 맨 앞에 와서 '~이 있다'라는 뜻을 나타내며, 문장의 주인공이 단수, 즉 하나일 때 쓰게 돼요. 'There are'도 문장의 맨 앞에 와서 '~이 있다'라는 뜻을 나타내지만, 문장의 주인공이 복수, 즉 둘 이상일 때 쓰게 돼요.

There is ~이 있다	a book 책 한 권	on the table 그 탁자 위에
There are ~이 있다	ducks 오리들	in the pond 그 연못 안에

❷ There was ~이 있었다 (단수) & There were ~이 있었다 (복수)

'There is'의 과거형은 'There was'를 써요. 그리고 'There are'의 과거형은 'There were'를 써요.

There was ~이 있었다	a pencil 연필 한 자루	on the desk 그 책상 위에
There were ~이 있었다	erasers 지우개들	in the drawer 그 서랍 안에

❸ There will be ~이 있을 것이다

'There + be동사'의 미래형은 'There will be'로 써요. 이 미래형은 현재형이나 과거형과는 달리 그 다음의 주어가 단수이든, 복수이든 항상 형태가 똑같아요.

	a cat 고양이 한 마리	on the ground 그 땅 위에
There will be ~이 있을 것이다	apples 사과들	in the box 그 상자 안에

Quiz 2

우리말을 참고하여 빈칸에 알맞은 말을 영어로 쓰세요.

1 There ____ ducks on the ground.   그 땅 위에 오리들이 있다.

2 There ____ erasers on the desk.   그 책상 위에 지우개들이 있을 것이다.

3 There ____ a book in the box.   그 상자 안에 책 한 권이 있었다.

3-08   음성을 들으며 차례대로 2번씩 따라 말해 보세요.

1 ❶ There is   ～이 있다

❷ There is a book   ～이 있다 책 한 권

❸ There is a book on the table.   ～이 있다 책 한 권 그 탁자 위에

2 ❶ There are   ～이 있다

❷ There are ducks   ～이 있다 오리들

❸ There are ducks in the pond.   ～이 있다 오리들 그 연못 안에

3 ❶ There was   ～가 있었다

❷ There was a pencil   ～가 있었다 연필 한 자루

❸ There was a pencil on the desk.   ～가 있었다 연필 한 자루 그 책상 위에

4 ❶ There were   ～이 있었다

❷ There were erasers   ～이 있었다 지우개들

❸ There were erasers in the drawer.   ～이 있었다 지우개들 그 서랍 안에

5 ❶ There will be   ～가 있을 것이다

❷ There will be a cat   ～가 있을 것이다 고양이 한 마리

❸ There will be a cat on the ground.   ～가 있을 것이다 고양이 한 마리 그 땅 위에

6 ❶ There will be   ～이 있을 것이다

❷ There will be apples   ～이 있을 것이다 사과들

❸ There will be apples in the box.   ～이 있을 것이다 사과들 그 상자 안에

STEP 4 　문장의 어순 훈련하기

영어의 어순에 맞게 다음 빈칸을 채워 보세요.

There + be동사 (상태)	주어 (주인공)	전치사 (위치) + 명사 (장소)
1　～이 있다		
～이 있다	책 한 권	
～이 있다	책 한 권	그 탁자 위에
2　～이 있다		
～이 있다	오리들	
～이 있다	오리들	그 연못 안에
3　～가 있었다		
～가 있었다	연필 한 자루	
～가 있었다	연필 한 자루	그 책상 위에
4　～이 있었다		
～이 있었다	지우개들	
～이 있었다	지우개들	그 서랍 안에
5　～가 있을 것이다		
～가 있을 것이다	고양이 한 마리	
～가 있을 것이다	고양이 한 마리	그 땅 위에
6　～이 있을 것이다		
～이 있을 것이다	사과들	
～이 있을 것이다	사과들	그 상자 안에

▶ 정답은 31페이지 참조

Practice 1

❶ 다음 그림이 나타내는 문장을 써 보세요.

1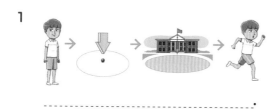

---------------------------------- .

2

---------------------------------- .

3

---------------------------------- .

4

---------------------------------- .

❷ 다음 단어와 뜻이 서로 맞는 것끼리 연결하세요.

1 playground ○   ○ 운동장
2 station ○   ○ 지우개들
3 fly ○   ○ 오리들
4 ducks ○   ○ 파리, 날다
5 pencil ○   ○ 연필
6 erasers ○   ○ 역

❸ 오른쪽 문장을 읽고 해당되는 단어로 빈칸을 채워 보세요.

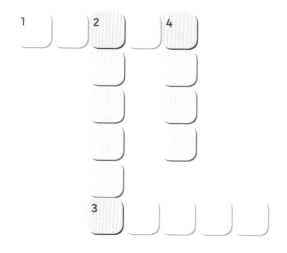

Across

1 그 개미가 그 풀밭 위에서 춤
  출 것이다.
  The ant on the _____
  will dance.

3 나는 웃지만 너는 운다.
  I _____ but you cry.

Down

2 그 상자 안에 사과들이
  있을 것이다.
  There will be _____
  in the box.

4 그 버스가 그 장소에서
  머물렀다.
  The bus at the _____
  stayed.

4 다음 문장 요소들의 번호를 어순에 맞게 써 보세요.

1
①	②	③	④
There is	a book	on the	table

( ) → ( ) → ( ) → ( )

2
①	②	③	④
We	or	walk	will run

( ) → ( ) → ( ) → ( )

3
①	②	③	④
go there	I	her	to meet

( ) → ( ) → ( ) → ( )

4
①	②	③	④
He	them	to bring	goes there

( ) → ( ) → ( ) → ( )

5 다음 우리말 어순을 영어 어순으로 바꿔 쓰세요.

1 그 서랍 안에 지우개들이 있었다. → _____ .

2 그 소년이 운동장 안에서 달린다. → _____ .

3 그는 말했고, 그녀는 들었다. → _____ .

4 그들은 그것을 사기 위해서 여기에 올 것이다. → _____ .

5 그 탁자 위에 책 한 권이 있다. → _____ .

6 우리는 그녀를 보기 위해서 거기에 방문했다. → _____ .

6 다음 밑줄 친 부분에서 잘못된 곳을 찾아 바르게 고쳐 쓰세요. (단, Chapter 1에서 제시된 문장을 사용해 주세요)

1 There are <u>pencil</u> on the desk. → ---------------------------

2 The boy in the playground <u>run</u>. → ---------------------------

3 He spoke <u>she and</u> listened. → ---------------------------

4 The girl <u>the classroom</u> stands. → ---------------------------

5 There are erasers <u>in drawer</u>. → ---------------------------

6 They will come here <u>buy</u> it. → ---------------------------

2형식 어순 익히기

주어

동사

보어

✓CHECK UP!

단어를 들으며 5번씩 따라 읽어 보세요!

🎧3-09
UNIT 05

picture
그림

computer
컴퓨터

bag
가방

bike
자전거

phone
전화

floor
바닥

yard
뜰

kitchen
부엌

mine
나의 것

yours
너의 것

ours
우리들의 것

theirs
그들의 것

his
그의 것

hers
그녀의 것

🎧3-11
UNIT 06

late
늦은

because
왜냐하면

missed
놓쳤다

won
이겼다

did
했다

game
게임

🎧3-13
UNIT 07

both A and B
A와 B 둘 다

either A or B
A와 B 둘 중의 하나

diligent
근면한

friends
친구들

🎧3-15
UNIT 08

write
쓰다

show
보여주다

Spanish
스페인어

pictures
그림들

UNIT 05 The book on the desk is mine.

그 책상 위에 그 책은 나의 것이다.

STEP 1 그림으로 이해하기

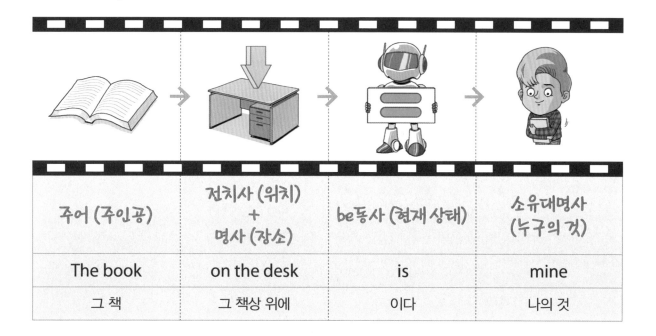

주어 (주인공)	전치사 (위치) + 명사 (장소)	be동사 (현재 상태)	소유대명사 (누구의 것)
The book	on the desk	is	mine
그 책	그 책상 위에	이다	나의 것

 〈주인공 + 위치 + 장소 + 현재 상태 + 누구의 것〉의 문장 표현

위치를 나타내는 전치사와 장소를 나타내는 명사가 모여 문장의 주인공 바로 뒤에서 문장의 주인
공을 꾸며줄 수도 있어요. 즉 위의 표현에서 책은 책인데, 책상 위에 있는 책을 나타낼 때 써요. 그
리고 '~이다'라는 be동사, '나의 것'이라는 뜻의 mine을 차례로 써 주면 돼요.

Quiz 1

아래의 우리말을 영어로 써 보세요.

* 그 책상 위에 그 책은 나의 것이다.

→ _____ .

❶ 주어(주인공) + 전치사(위치) + 명사(장소)

'문장의 주인공' 다음에 '전치사(위치) + 명사(장소)'를 나타내는 표현이 나와 '문장의 주인공'을 꾸며줄 수 있어요. 이 때 '전치사(위치) + 명사(장소)'를 나타내는 표현은 '문장의 주인공'이 어디에 있다는 사실을 나타내 줘요.

The book on the desk 그 책상 위에 있는 그 책	**The picture on the wall** 그 벽 위에 있는 그 그림
The computer on the floor 그 바닥에 있는 그 컴퓨터	**The bag in the room** 그 방에 있는 그 가방
The bike in the yard 그 뜰에 있는 그 자전거	**The phone in the kitchen** 그 주방에 있는 그 전화

❷ 소유대명사(~의 것)

흔히 우리는 '누구의 것'이라는 말을 많이 듣고 사용하기도 해요. 즉, '너의 것', '나의 것', '우리들의 것' 등 소유 관계를 나타내야 할 때 흔히 사용하지요. 이렇게 '~의 것'이라는 뜻을 나타내는 말을 문법 용어로는 '소유대명사'라고 해요.

mine 나의 것	**yours** 너의 것(너희들의 것)
ours 우리들의 것	**theirs** 그들의 것
his 그의 것	**hers** 그녀의 것

☝ 한 가지만 더!

yours는 '너의 것'과 '너희들의 것'이라는 두 가지 뜻을 지니고 있어요.

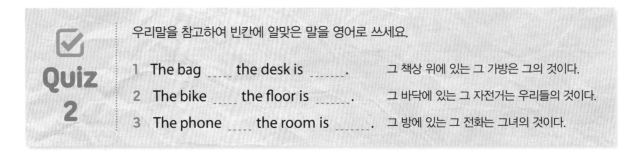

Quiz 2

우리말을 참고하여 빈칸에 알맞은 말을 영어로 쓰세요.

1 The bag _____ the desk is _____. 그 책상 위에 있는 그 가방은 그의 것이다.

2 The bike _____ the floor is _____. 그 바닥에 있는 그 자전거는 우리들의 것이다.

3 The phone _____ the room is _____. 그 방에 있는 그 전화는 그녀의 것이다.

🎧 3-10 음성을 들으며 차례대로 2번씩 따라 말해 보세요.

1 ❶ The book
그 책은

❷ The book on the desk
그 책은 그 책상 위에 있는

❸ The book on the desk is mine.
그 책은 그 책상 위에 있는 나의 것이다.

2 ❶ The picture
그 그림은

❷ The picture on the wall
그 그림은 그 벽 위에 있는

❸ The picture on the wall is yours.
그 그림은 그 벽 위에 있는 너의 것이다.

3 ❶ The computer
그 컴퓨터는

❷ The computer on the floor
그 컴퓨터는 그 바닥에 있는

❸ The computer on the floor is ours.
그 컴퓨터는 그 바닥에 있는 우리들의 것이다.

4 ❶ The bag
그 가방은

❷ The bag in the room
그 가방은 그 방에 있는

❸ The bag in the room is theirs.
그 가방은 그 방에 있는 그들의 것이다.

5 ❶ The bike
그 자전거는

❷ The bike in the yard
그 자전거는 그 뜰에 있는

❸ The bike in the yard is his.
그 자전거는 그 뜰에 있는 그의 것이다.

6 ❶ The phone
그 전화는

❷ The phone in the kitchen
그 전화는 그 주방에 있는

❸ The phone in the kitchen is hers.
그 전화는 그 주방에 있는 그녀의 것이다.

영어의 어순에 맞게 다음 빈칸을 채워 보세요.

	주어 (주인공)	전치사 (위치) + 명사 (장소)	be 동사 (현재 상태) + 소유대명사 (누구의 것)
1	그 책은		
	그 책은	그 책상 위에 있는	
	그 책은	그 책상 위에 있는	나의 것이다
2	그 그림은		
	그 그림은	그 벽 위에 있는	
	그 그림은	그 벽 위에 있는	너의 것이다
3	그 컴퓨터는		
	그 컴퓨터는	그 바닥에 있는	
	그 컴퓨터는	그 바닥에 있는	우리들의 것이다
4	그 가방은		
	그 가방은	그 방에 있는	
	그 가방은	그 방에 있는	그들의 것이다
5	그 자전거는		
	그 자전거는	그 뜰에 있는	
	그 자전거는	그 뜰에 있는	그의 것이다
6	그 전화는		
	그 전화는	그 주방에 있는	
	그 전화는	그 주방에 있는	그녀의 것이다

▶ 정답은 39페이지 참조

UNIT 06

I was late because I missed the bus.

나는 그 버스를 놓쳤기 때문에 늦었다.

STEP 1 그림으로 이해하기

주어 (주인공)	be동사 (과거 상태) + 보어 (어떠한)	접속사 (이유)	부사절 (이유 설명)
I	was late	because	I missed the bus
나는	늦었다	왜냐하면	나는 버스를 놓쳤다

 〈주인공 + 과거 상태 + 어떠한 + 이유 + 이유 설명〉의 문장 표현

2형식 문장인 '주어 + be동사 + 형용사' 뒤에 이유를 나타내는 말이 나올 수도 있어요. 이유를 설명할 때는 이유를 나타내는 접속사 because를 쓴 뒤에 '주어 + 동사 + ~'로 이어지는 이유 설명 표현을 이어 주면 돼요. 따라서 위의 문장은 '그녀는 늦었다. 왜냐하면 버스를 놓쳤기 때문이다.' 혹은 '그녀는 버스를 놓쳤기 때문에 늦었다.' 와 같이 해석하면 돼요.

Quiz 1

아래의 우리말을 영어로 써 보세요.

* 나는 그 버스를 놓쳤기 때문에 늦었다.

→ _____ .

❶ 이유나 원인을 설명하는 접속사 because

because는 '~ 때문에' 혹은 '왜냐하면'이라는 뜻을 지니고 있으며, 그 뒤에는 대개 앞에 나온 문장의 원인이나 이유를 설명하는 표현이 나와요.

I 그는	was late 늦었다	because 왜냐하면	I 나는	missed 놓쳤다	the bus 그 버스를
We 우리는	were happy 행복했다	because 왜냐하면	we 우리는	won 이겼다	the game 그 게임을
He 그는	was tired 피곤했다	because 왜냐하면	he 그는	did 했다	the work 그 일을

❷ because + 주어 + 동사 + ~

because 다음에는 문장의 원인이나 이유를 설명하는 표현이 주로 나오는데, 그 표현의 형태는 꽤 다양해요. 하지만 어떠한 표현이든 '주어 + 동사'는 항상 써 줘야 해요.

	I missed the bus. 나는 그 버스를 놓쳤다. 주어 동사
because 왜냐하면	we won the game. 우리는 그 게임을 이겼다. 주어 동사
	he did the work. 그는 그 일을 했다. 주어 동사

✋ 한 가지만 더!
일반동사의 과거형을 부정할 때 쓰는 did not은 간단히 줄여서 didn't로 나타내요.

Quiz 2

우리말을 참고하여 빈칸에 알맞은 말을 영어로 쓰세요.

1 He was late _____ the bus.　　그는 그 버스를 놓쳤기 때문에 늦었다.

2 I was happy _____ the game.　　나는 그 게임을 이겼기 때문에 행복했다.

3 We were tired _____ the work.　　우리는 그 일을 했기 때문에 피곤했다.

🎧 3-12 음성을 들으며 차례대로 2번씩 따라 말해 보세요.

1 ❶ I 나는

  ❷ I was late 나는 늦었다

  ❸ I was late because 나는 늦었다 왜냐하면

  ❹ I was late because I 나는 늦었다 왜냐하면 나는

  ❺ I was late because I missed 나는 늦었다 왜냐하면 나는 놓쳤다

  ❻ I was late because I missed the bus. 나는 늦었다 왜냐하면 나는 놓쳤다 그 버스를

2 ❶ We 우리는

  ❷ We were happy 우리는 행복했다

  ❸ We were happy because 우리는 행복했다 왜냐하면

  ❹ We were happy because we 우리는 행복했다 왜냐하면 우리는

  ❺ We were happy because we won 우리는 행복했다 왜냐하면 우리는 이겼다

  ❻ We were happy because we won the game. 우리는 행복했다 왜냐하면 우리는 이겼다 그 게임을

3 ❶ He 그는

  ❷ He was tired 그는 피곤했다

  ❸ He was tired because 그는 피곤했다 왜냐하면

  ❹ He was tired because he 그는 피곤했다 왜냐하면 그는

  ❺ He was tired because he did 그는 피곤했다 왜냐하면 그는 했다

  ❻ He was tired because he did the work. 그는 피곤했다 왜냐하면 그는 했다 그 일을

영어의 어순에 맞게 다음 빈칸을 채워 보세요.

| 주어 (주인공) | be동사 (과거 상태)
+
보어 (어떠한) | 접속사 (이유) | 부사절 (이유 설명) | | |
			주어 (주인공)	동사 (과거 동작)	명사 (무엇)
1 나는					
나는	늦었다				
나는	늦었다	왜냐하면			
나는	늦었다	왜냐하면	나는		
나는	늦었다	왜냐하면	나는	놓쳤다	
나는	늦었다	왜냐하면	나는	놓쳤다	그 버스를
2 우리는					
우리는	행복했다				
우리는	행복했다	왜냐하면			
우리는	행복했다	왜냐하면	우리는		
우리는	행복했다	왜냐하면	우리는	이겼다	
우리는	행복했다	왜냐하면	우리는	이겼다	그 게임을
3 그는					
그는	피곤했다				
그는	피곤했다	왜냐하면			
그는	피곤했다	왜냐하면	그는		
그는	피곤했다	왜냐하면	그는	했다	
그는	피곤했다	왜냐하면	그는	했다	그 일을

▶ 정답은 43페이지 참조

Both you and I are diligent.

너와 나 둘 다 부지런하다.

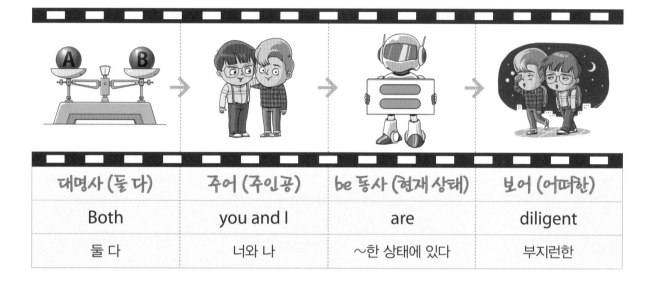

대명사 (둘 다)	주어 (주인공)	be동사 (현재 상태)	보어 (어떠한)
Both	you and I	are	diligent
둘 다	너와 나	~한 상태에 있다	부지런한

 〈둘 다 + 주인공 + 현재 상태 + 어떠한〉의 문장 표현

both A and B는 'A와 B 둘 다'라는 뜻이에요. 문장에서 A와 B가 주어로 나올 경우 주인공은 A 와 B 모두 해당되기 때문에 뒤에 오는 be동사는 are나 were 등의 복수형을 써 줘야 해요.

☑
**Quiz
1**

아래의 우리말을 영어로 써 보세요.

* 너와 나 둘 다 부지런하다.

→ _____ .

❶ both A and B A와 B 둘 다

'both A and B'는 A와 B를 모두 포함할 때 쓰는 말이에요. 이 표현이 주어로 쓰일 경우 A와 B가 모두 주어가 되므로 be동사는 복수형인 are를 써야 해요.

Both you and I 너와 나 둘 다	are ~한 상태에 있다	diligent 부지런한
------- ------- ------- ----	-------	---------
Both he and she 그와 그녀 둘 다	are 이다	my friends 나의 친구들
------- ------- ------- ----	-------	------- -------

❷ either A or B A와 B 둘 중 하나

'either A or B'는 A와 B 중 어느 한쪽만을 나타낼 때 쓰는 말이에요. 이 표현이 주어로 쓰일 경우 A나 B 중 하나만이 주어가 되므로 be동사는 단수형을 써야 해요.

Either you or I 너나 나 둘 중 하나	am ~한 상태에 있다	smart 똑똑한
------- ------- ------ ----	-------	---------
Either he or she 그나 그녀 둘 중 하나	is 이다	a singer 가수
------- ------- ------ -------	-------	----- ---------

👆 **한 가지만 더!**

either A or B가 주어로 나올 경우 그 동사는 B의 수에 맞춰요.

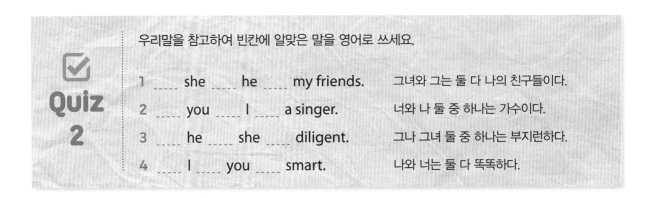

☑ **Quiz 2**

우리말을 참고하여 빈칸에 알맞은 말을 영어로 쓰세요.

1 ____ she ____ he ____ my friends.   그녀와 그는 둘 다 나의 친구들이다.

2 ____ you ____ I ____ a singer.   너와 나 둘 중 하나는 가수이다.

3 ____ he ____ she ____ diligent.   그나 그녀 둘 중 하나는 부지런하다.

4 ____ I ____ you ____ smart.   나와 너는 둘 다 똑똑하다.

🎧 3-14 음성을 들으며 차례대로 2번씩 따라 말해 보세요.

1 ❶ Both   둘 다

   ❷ Both you and I   둘 다 너와 나

   ❸ Both you and I are   둘 다 너와 나 ~한 상태에 있다

   ❹ Both you and I are diligent.   둘 다 너와 나 ~한 상태에 있다 부지런한

2 ❶ Both   둘 다

   ❷ Both he and she   둘 다 그와 그녀

   ❸ Both he and she are   둘 다 그와 그녀 이다

   ❹ Both he and she are my friends.   둘 다 그와 그녀 이다 나의 친구들

3 ❶ Either   둘 중 하나

   ❷ Either you or I   둘 중 하나 너나 나

   ❸ Either you or I am   둘 중 하나 너나 나 ~한 상태에 있다

   ❹ Either you or I am smart.   둘 중 하나 너나 나 ~한 상태에 있다 똑똑한

4 ❶ Either   둘 중 하나

   ❷ Either he or she   둘 중 하나 그나 그녀

   ❸ Either he or she is   둘 중 하나 그나 그녀 이다

   ❹ Either he or she is a singer.   둘 중 하나 그나 그녀 이다 가수

과거형을 나타낼 땐
are 대신 were,
am이나 is 대신 was를
써야 해요.

영어의 어순에 맞게 다음 빈칸을 채워 보세요.

	대명사 (둘 다)	주어 (주인공)	be 동사 (현재 상태)	보어 (어떠한 / 누구)
1	둘 다			
	둘 다	너와 나		
	둘 다	너와 나	~한 상태에 있다	
	둘 다	너와 나	~한 상태에 있다	부지런한
2	둘 다			
	둘 다	그와 그녀		
	둘 다	그와 그녀	이다	
	둘 다	그와 그녀	이다	나의 친구들
3	둘 중 하나			
	둘 중 하나	너나 나		
	둘 중 하나	너나 나	~한 상태에 있다	
	둘 중 하나	너나 나	~한 상태에 있다	똑똑한
4	둘 중 하나			
	둘 중 하나	그나 그녀		
	둘 중 하나	그나 그녀	이다	
	둘 중 하나	그나 그녀	이다	가수

▶ 정답은 47페이지 참조

08

He is the man who writes books.

그는 책을 쓰는 남자이다.

STEP 1 그림으로 이해하기

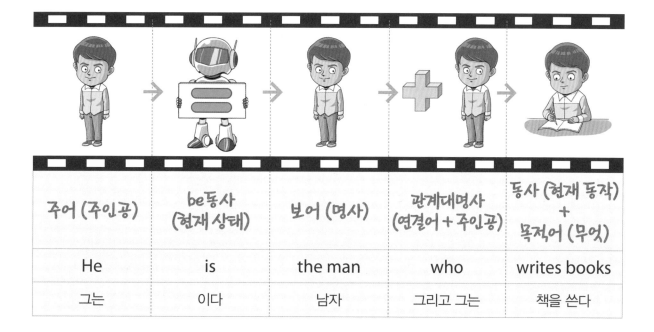

주어 (주인공)	be동사 (현재 상태)	보어 (명사)	관계대명사 (연결어 + 주인공)	동사 (현재 동작) + 목적어 (무엇)
He	is	the man	who	writes books
그는	이다	남자	그리고 그는	책을 쓴다

 〈주인공 + 현재 상태 + 명사 + 연결어 + 주인공 + 현재 동작 + 무엇〉의 문장 표현

문장과 문장을 연결하는 방법 중 앞문장과 뒷문장의 공통 표현을 서로 연관시켜 이어 주는 방법이 있어요. 이때, 문장의 공통 표현을 서로 이어 주는 연결어인 who를 '관계대명사'라고 해요.

1. 1단계 - 두 문장에서 서로 공통된 부분을 찾아요. 여기서는 the man과 He가 공통된 부분이에요.
   ex) He is the man. 그는 남자이다. + He writes books. 그는 책을 쓴다.

2. 2단계 - 뒷문장의 공통된 부분을 연결어로 바꾸어 이어 줘요.
   ex) He is the man who writes books. 그는 남자인데 책을 쓴다. (그는 책을 쓰는 남자이다.)

Quiz 1

아래의 우리말을 영어로 써 보세요.

＊ 그는 책을 쓰는 남자이다.

→ _____ .

① 문장을 연결하는 관계대명사 who

두 문장의 공통된 부분이 사람인 동시에 주어일 경우, 연결어로 who를 써요. 즉, 뒷문장의 맨 앞에 있는 주어(대명사)를 who로 바꾸면 돼요. 이 때 who는 and(그리고)라는 말과 뒷문장의 사람 주어가 서로 합쳐진 말이라고 이해하면 돼요.

He 그는	is 이다	the man 남자	who 그리고 그는	writes 쓴다	books 책들을

She 그녀는	is 이다	my friend 나의 친구	who 그리고 그녀는	speaks 말한다	Spanish 스페인어를

② 문장을 연결하는 관계대명사 which

두 문장의 공통된 부분이 동물이나 사물일 경우, 연결어로 which를 써요. 즉, 뒷문장의 맨 앞에 있는 주어(대명사)를 which로 바꾸면 돼요. 이 때 which는 and(그리고)라는 말과 뒷문장의 사물이나 동물 주어가 서로 합쳐진 말이라고 이해하면 돼요.

It 그것은	is 이다	the book 그 책	which 그리고 그것은	shows 보여 준다	pictures 그림들을

It 그것은	is 이다	the dog 그 개	which 그리고 그것은	likes 좋아한다	us 우리를

👆 한 가지만 더!

who나 which 앞에 있는 명사가 사람이나 사물, 동물에 관계없이 공통적으로 who나 which를 대신해서 that을 쓸 수 있어요.
ex) He is the man that writes books. (○) / It is the book that shows pictures. (○)

☑ **Quiz 2**

who나 which를 이용하여 다음 두 문장을 한 문장으로 만들어 보세요.

1 He is the man.   +   He speaks Spanish.

→ _____ .

2 It is the dog.   +   It likes pictures.

→ _____ .

🎧 3-16 음성을 들으며 차례대로 2번씩 따라 말해 보세요.

1 ❶ He   그는

   ❷ He is   그는 이다

   ❸ He is the man   그는 이다 남자

   ❹ He is the man who   그는 이다 남자 그리고 그는

   ❺ He is the man who **writes books.**   그는 이다 남자 그리고 그는 **책을 쓴다.**

2 ❶ She   그녀는

   ❷ She is   그녀는 이다

   ❸ She is my friend   그녀는 이다 내 친구

   ❹ She is my friend who   그녀는 이다 내 친구 그리고 그녀는

   ❺ She is my friend who **speaks Spanish.** 그녀는 이다 내 친구 그리고 그녀는 **스페인어를 말한다.**

3 ❶ It   그것은

   ❷ It is   그것은 이다

   ❸ It is the book   그것은 이다 책

   ❹ It is the book which   그것은 이다 책 그리고 그것은

   ❺ It is the book which **shows pictures.** 그것은 이다 책 그리고 그것은 **그림들을 보여 준다.**

4 ❶ It   그것은

   ❷ It is   그것은 이다

   ❸ It is the dog   그것은 이다 개

   ❹ It is the dog which   그것은 이다 개 그리고 그것은

   ❺ It is the dog which **likes us.**   그것은 이다 개 그리고 그것은 **우리를 좋아한다.**

영어의 어순에 맞게 다음 빈칸을 채워 보세요.

	주어 (주인공)	be 동사 (현재 상태)	보어 (명사)	관계 대명사 (연결어 + 주인공)	동사 (현재 동작) + 목적어 (무엇)
1	그는				
	그는	이다			
	그는	이다	남자		
	그는	이다	남자	그리고 그는	
	그는	이다	남자	그리고 그는	책을 쓴다
2	그녀는				
	그녀는	이다			
	그녀는	이다	내 친구		
	그녀는	이다	내 친구	그리고 그녀는	
	그녀는	이다	내 친구	그리고 그녀는	스페인어를 말한다
3	그것은				
	그것은	이다			
	그것은	이다	책		
	그것은	이다	책	그리고 그것은	
	그것은	이다	책	그리고 그것은	사진을 보여 준다
4	그것은				
	그것은	이다			
	그것은	이다	개		
	그것은	이다	개	그리고 그것은	
	그것은	이다	개	그리고 그것은	우리를 좋아한다

▶ 정답은 51페이지 참조

Practice 2

1 다음 그림이 나타내는 문장을 써 보세요.

1
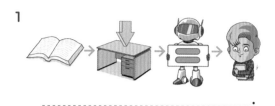

. _____

2
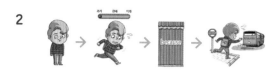

. _____

3

. _____

4

. _____

2 다음 단어와 뜻이 서로 맞는 것끼리 연결하세요.

1 mine   ○   ○ 스페인어
2 speak   ○   ○ 나의 것
3 diligent   ○   ○ 부지런한
4 floor   ○   ○ 벽
5 Spanish   ○   ○ 말하다
6 wall   ○   ○ 바닥

3 오른쪽 문장을 읽고 해당되는 단어로 빈칸을 채워 보세요.

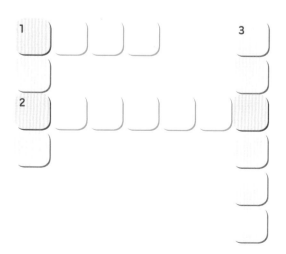

Across

1 너와 나 둘 다 부지런하다.
_____ you and I are
diligent.

2 주방에 있는 그 전화는 그
녀의 것이다.
The phone in the
_____ is hers.

Down

1 뜰에 있는 그 자전거는 그
의 것이다.
The _____ in the
yard is his.

3 그와 그녀 둘 중 하나는
가수이다.
Either he or she is a
_____ .

4 다음 문장 요소들의 번호를 어순에 맞게 써 보세요.

1　① the wall　② on　③ The picture　④ is yours

(　) → (　) → (　) → (　)

2　① Either　② am　③ you or I　④ smart

(　) → (　) → (　) → (　)

3　① the dog　② which　③ It is　④ likes us

(　) → (　) → (　) → (　)

4　① because　② I was late　③ I missed　④ the bus

(　) → (　) → (　) → (　)

5 다음 우리말 어순을 영어 어순으로 바꿔 쓰세요.

1　우리는 그 게임을 이겼기 때문에 행복했다.　→　　　　　　　　　.

2　그 책상 위에 있는 그 책은 나의 것이다.　→　　　　　　　　　.

3　그와 그녀 둘 다 나의 친구들이다.　→　　　　　　　　　.

4　바닥에 있는 그 컴퓨터는 우리의 것이다.　→　　　　　　　　　.

5　그것은 그림들을 보여주는 책이다.　→　　　　　　　　　.

6　그녀는 스페인어를 말하는 나의 친구이다.　→　　　　　　　　　.

6 다음 밑줄친 부분에서 잘못된 곳을 찾아 바르게 고쳐 쓰세요. (단, Chapter 2에서 제시된 문장을 사용해 주세요.)

1　He <u>tired</u> because he did the work.　→　　　　　　　　　.

2　He is the man <u>which</u> writes books.　→　　　　　　　　　.

3　The bag on the room <u>are</u> theirs.　→　　　　　　　　　.

4　Both you <u>or</u> I are diligent.　→　　　　　　　　　.

5　The picture on the wall is <u>your</u>.　→　　　　　　　　　.

6　It is the dog <u>who</u> likes us.　→　　　　　　　　　.

Chapter 3

3형식 어순 익히기

주어 동사 목적어

✓CHECK UP!

단어를 들으며 5번씩 따라 읽어 보세요!

🎧 3-17
UNIT
09

🎧 3-19
UNIT
10

🎧 3-21
UNIT
11

🎧 3-23
UNIT
12

UNIT 09	UNIT 10	UNIT 11	UNIT 12
need 필요하다	**made** 만들었다	**believe** 믿다	**met** 만났다
have 가지다	**e-mail** 이메일	**that** ~는 것을	**saw** 보았다
find 발견하다	**lunch** 점심 식사	**honest** 정직한	**ate** 먹었다
house 집	**toys** 장난감들		**sold** 팔았다
letter 편지			**woman** 여자
live 살다			**pasta** 파스타
			toy 장난감
			respect 존경하다
			hate 싫어하다

I need water to drink.

나는 마실 물이 필요하다.

STEP 1   그림으로 이해하기

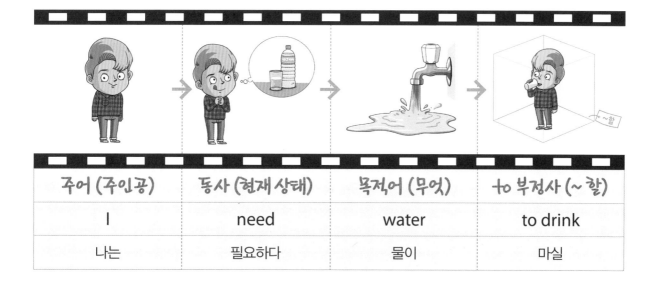

주어 (주인공)	동사 (현재 상태)	목적어 (무엇)	to 부정사 (~할)
I	need	water	to drink
나는	필요하다	물이	마실

 〈주인공 + 현재 상태 + 무엇 + ~할〉의 문장 표현

'to + 동사원형'에 대해 이미 '~하는 것', '~하기'와 '~하기 위해'라는 두 가지 뜻을 배웠어요. 그런데 'to + 동사원형'은 또 다른 뜻이 있어요. 바로 '~할'이라는 뜻으로 형용사처럼 꾸며 주는 역할을 하는 경우예요. 이 경우에는 대개 명사 뒤에서 그 명사를 꾸며 줘요.

ex) water to drink (마실 물), letters to write (쓸 편지)

✓ Quiz 1

아래의 우리말을 영어로 써 보세요.

* 나는 마실 물이 필요하다.

→ _____ .

❶ 명사 + to + 동사원형

'to + 동사원형'이 명사 뒤에서 '~할' 혹은 '~하는'이라는 뜻으로 명사를 꾸며 줄 때가 있어요. 즉 'water to drink(마실 물)'처럼 명사 뒤에서 명사를 꾸며 주게 되지요.

water 물	to drink 마실	a letter 편지	to write 쓸

❷ 명사 + to 부정사 + 전치사

'나는 그 집에서 산다.'라는 말을 영어로 써 보면, I live in the house.가 돼요. 사람들 중에 집 밖에서 사는 사람은 없겠지요. 따라서 이 글은 '집 안'에서 산다는 뜻을 포함하고 있어요. 그렇기 때문에 the house 앞에 '~ 안에'라는 뜻의 전치사 in을 꼭 넣어 줘야 해요. 마찬가지로 'to + 동사원형'이 명사를 꾸며 줄 때도 house to live in이라고 해야 해요. 즉, house to live라고만 쓰면 틀린 표현이 돼요. '나는 그 친구와 논다.' 라는 문장은 'I play with the friend.'예요. 친구와 함께 논다는 뜻이므로, 이 또한 'to + 동사원형'이 명사를 꾸며 줄 때는 the friend to play with처럼 뒤에 with를 붙여줘야 해요.

a house 집	to live 살	in ~ 안에
friends 친구들	to play 놀	with ~와 함께

우리말을 참고하여 빈칸에 알맞은 말을 영어로 쓰세요.

1 We need water _____ .   우리는 마실 물이 필요하다.

2 I have a letter _____ .   나는 쓸 편지를 가지고 있다.

3 He finds a house _____ .   그는 살 집을 찾는다.

4 They have no friends _____ .   그들은 함께 놀 친구들이 없다.

🎧 3-18 음성을 들으며 차례대로 2번씩 따라 말해 보세요.

1 ❶ I   나는

　　❷ I need   나는 필요하다

　　❸ I need water   나는 필요하다 물이

　　❹ I need water to drink.   나는 필요하다 물이 마실

2 ❶ We   우리는

　　❷ We have   우리는 가지고 있다

　　❸ We have a letter   우리는 가지고 있다 편지를

　　❹ We have a letter to write.   우리는 가지고 있다 편지를 쓸

3 ❶ They   그들은

　　❷ They find   그들은 찾는다

　　❸ They find a house   그들은 찾는다 집을

　　❹ They find a house to live in. 그들은 찾는다 집을 살

4 ❶ He   그는

　　❷ He has no   그는 없다

　　❸ He has no friends   그는 없다 친구들이

　　❹ He has no friends to play with. 그는 없다 친구들이 함께 놀

'물'은 개수를 셀 수 없는
물질명사이기 때문에 그 앞에
a나 the를 붙이지 않고,
뒤에 복수형인 -s도 붙이지
않아요.

영어의 어순에 맞게 다음 빈칸을 채워 보세요.

	주어 (주인공)	동사 (현재 상태 / 동작)	목적어 (무엇)	to 부정사 (~할)
1	나는			
	나는	필요하다		
	나는	필요하다	물이	
	나는	필요하다	물이	마실
2	우리는			
	우리는	가지고 있다		
	우리는	가지고 있다	편지를	
	우리는	가지고 있다	편지를	쓸
3	그들은			
	그들은	찾는다		
	그들은	찾는다	집을	
	그들은	찾는다	집을	살
4	그는			
	그는	없다		
	그는	없다	친구들이	
	그는	없다	친구들이	함께 놀

▶ 정답은 59페이지 참조

UNIT 10

I sent an e-mail to him.

나는 그에게 이메일을 보냈다.

STEP 1 그림으로 이해하기

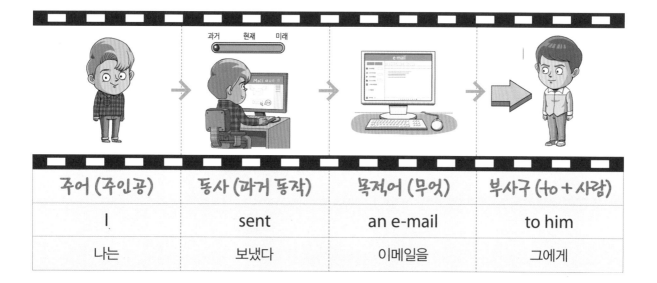

주어 (주인공)	동사 (과거 동작)	목적어 (무엇)	부사구 (to + 사람)
I	sent	an e-mail	to him
나는	보냈다	이메일을	그에게

 〈주인공 + 과거 동작 + 무엇 + to + 사람〉의 문장 표현

'send'는 '보내다'라는 뜻이기 때문에 반드시 '누구에게'와 '무엇을'에 해당하는 표현이 필수적으로 들어가야 해요. 이때, 동사 다음에 '누구에게' + '무엇을'의 순서로 나와야 하는데, '누구에게'라는 표현이 '무엇을'의 뒤로 갈 수도 있어요. 단, '~에게'라는 뜻을 지니고 있는 to라는 전치사와 함께 가야만 해요.

ex) I sent him an e-mail. → I sent an e-mail to him.

Quiz 1

아래의 우리말을 영어로 써 보세요.

* 나는 그에게 이메일을 보냈다.

→ _____ .

❶ to + 사람: '누구에게'

'누구에게'에 해당하는 표현을 '무엇을'이라는 표현 뒤로 옮길 수 있는데, 이럴 경우 '누구에게'는 반드시 그 앞에 to를 붙여야 해요.

I 나는	sent 보냈다	an e-mail 이메일을	to him 그에게
We 우리는	gave 주었다	a book 책 한 권을	to her 그녀에게

👆 **한 가지만 더!**
sent는 send(보내다)의 과거, gave는 give(주다)의 과거형이에요.

❷ for + 사람: '누구를 위해'

'누구에게'가 아니라 '누구를 위해'라는 말이 뒤로 갈 수도 있어요. 이럴 때는 to가 아니라 for를 써야 해요. 즉, 'for + 사람'이라고 나타내요.

Mom 엄마는	made 만들어 주었다	lunch 점심을	for them 그들을 위해
Dad 아빠는	bought 사 주었다	toys 장난감들을	for the baby 그 아기를 위해

👆 **한 가지만 더!**
made는 make(만들다)의 과거, bought는 buy(사다)의 과거형이에요.

Quiz 2

우리말을 참고하여 빈칸에 알맞은 말을 영어로 쓰세요.

1 I sent an e-mail _____ .   나는 그녀에게 이메일을 보냈다.

2 Mom made lunch _____ .   엄마는 그 아기를 위해 위해 점심을 만들었다.

3 We gave a book _____ .   우리는 그에게 책 한 권을 주었다.

4 Dad bought toys _____ .   아빠는 그들을 위해 장난감들을 사 주었다.

🎧 3-20 음성을 들으며 차례대로 2번씩 따라 말해 보세요.

1 **❶** I   나는

 ❷ I sent   나는 보냈다

 ❸ I sent an e-mail   나는 보냈다 이메일을

 ❹ I sent an e-mail to him.   나는 보냈다 이메일을 그에게

2 **❶** We   우리는

 ❷ We gave   우리는 주었다

 ❸ We gave a book   우리는 주었다 책 한 권을

 ❹ We gave a book to her.   우리는 주었다 책 한 권을 그녀에게

3 **❶** Mom   엄마는

 ❷ Mom made   엄마는 만들어 주었다

 ❸ Mom made lunch   엄마는 만들어 주었다 점심을

 ❹ Mom made lunch for them. 엄마는 만들어 주었다 점심을 그들을 위해

4 **❶** Dad   아빠는

 ❷ Dad bought   아빠는 사 주었다

 ❸ Dad bought toys   아빠는 사 주었다 장난감들을

 ❹ Dad bought toys for the baby. 아빠는 사 주었다 장난감들을 그 아기를 위해

이밖에도 목적어 뒤에 'to + 사람'이
오는 동사는 bring(가져오다), sell(팔다)
등이 있고, 'for + 사람'이 오는
동사는 order(주문하다),
build(세우다) 등이 있어요.

STEP 4 문장의 어순 훈련하기

영어의 어순에 맞게 다음 빈칸을 채워 보세요.

	주어 (주인공)	동사 (과거 동작)	목적어 (무엇)	부사구 (to + 사람)
1	나는			
	나는	보냈다		
	나는	보냈다	이메일을	
	나는	보냈다	이메일을	그에게
2	우리는			
	우리는	주었다		
	우리는	주었다	책 한 권을	
	우리는	주었다	책 한 권을	그녀에게
3	엄마는			
	엄마는	만들어 주었다		
	엄마는	만들어 주었다	점심을	
	엄마는	만들어 주었다	점심을	그들을 위해
4	아빠는			
	아빠는	사 주었다		
	아빠는	사 주었다	장난감들을	
	아빠는	사 주었다	장난감들을	그 아기를 위해

▶ 정답은 63페이지 참조

I know that he is a soldier.

나는 그가 군인이라는 것을 안다.

■ STEP 1   그림으로 이해하기

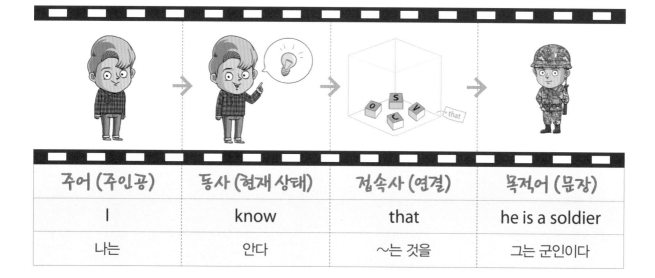

주어 (주인공)	동사 (현재 상태)	접속사 (연결)	목적어 (문장)
I	know	that	he is a soldier
나는	안다	~는 것을	그는 군인이다

 〈주인공 + 현재 상태 + 연결 + 문장〉의 문장 표현

목적어, 즉 동작의 대상이 되는 표현은 '~을', '~를'이라는 뜻을 지니고 있으며, 대개 명사의 형태로 나와요. 하지만 문장이 그 역할을 대신할 때도 있어요.

ex) I know. 나는 안다. (문장 1) + He is a soldier. 그는 군인이다. (문장 2)

즉, 위 문장에서 문장 2가 문장 1의 목적어 역할을 할 수 있어요. 그런데 이때 문장 2를 '~을', '~를'의 형태로 이어주기 위해서는 연결어 that이 필요해요.

ex) I know that he is a soldier. 나는 그가 군인이라는 것을 안다.

Quiz 1

아래의 우리말을 영어로 써 보세요.

* 나는 그가 군인이라는 것을 안다.

→ _____ .

❶ 접속사 that

that처럼 문장과 문장을 이어 주는 연결어를 '접속사'라고 해요. 이렇게 접속사를 사용하면 두 개의 문장을 한 개의 문장으로 만들 수 있어요.

I 나는	know 안다	that ~는 것을	he is a soldier 그는 군인이다
----------	----------	----------	----------------------
I 나는	admit 인정한다	that ~는 것을	she is honest 그녀는 정직하다
----------	----------	----------	----------------------

❷ 다양한 시제가 들어가는 목적어 문장

위의 문장에서처럼 that 앞의 문장의 시제와 상관없이 that 뒤의 문장의 시제는 다양하게 들어가요.

I 나는	believe 믿는다	that ~는 것을	it was a car 그것은 자동차였다
----------	----------	----------	----------------------
I 나는	think 생각한다	that ~는 것을	they will be brave 그들은 용감할 것이다
----------	----------	----------	----------------------

Quiz 2

that을 활용하여 다음 두 문장을 한 개의 문장으로 합쳐 보세요.

1 I know. + He is honest.

→ _____ .

2 I think. + She is a soldier.

→ _____ .

3 I believe. + it will be a car.

→ _____ .

4 I admit. + They were brave.

→ _____ .

3-22   음성을 들으며 차례대로 2번씩 따라 말해 보세요.

1 ❶ I   나는

   ❷ I know   나는 안다

   ❸ I know that   나는 안다 ~는 것을

   ❹ I know that he is a soldier.   나는 안다 ~는 것을 그는 군인이다

2 ❶ I   나는

   ❷ I admit   나는 인정한다

   ❸ I admit that   나는 인정한다 ~는 것을

   ❹ I admit that she is honest.   나는 인정한다 ~는 것을 그녀는 정직하다

3 ❶ I   나는

   ❷ I believe   나는 믿는다

   ❸ I believe that   나는 믿는다 ~는 것을

   ❹ I believe that it was a car.   나는 믿는다 ~는 것을 그것은 자동차였다

4 ❶ I   나는

   ❷ I think   나는 생각한다

   ❸ I think that   나는 생각한다 ~는 것을

   ❹ I think that they will be brave.   나는 생각한다 ~는 것을 그들은 용감할 것이다

문장과 문장을 이어주는
that은 '~는 것을' 이라는 뜻을
지니며 뒷문장이 목적어
역할을 하도록 만들어요.

67

STEP 4 문장의 어순 훈련하기

영어의 어순에 맞게 다음 빈칸을 채워 보세요.

	주어 (주인공)	동사 (현재 상태)	접속사 (연결)	목적어 (문장)
1	나는			
	나는	안다		
	나는	안다	~는 것을	
	나는	안다	~는 것을	그는 군인이다
2	나는			
	나는	인정한다		
	나는	인정한다	~는 것을	
	나는	인정한다	~는 것을	그녀는 정직하다
3	나는			
	나는	믿는다		
	나는	믿는다	~는 것을	
	나는	믿는다	~는 것을	그것은 자동차였다
4	나는			
	나는	생각한다		
	나는	생각한다	~는 것을	
	나는	생각한다	~는 것을	그들은 용감할 것이다

▶ 정답은 67페이지 참조

UNIT 12

I met the woman whom I respect.

나는 내가 존경하는 그 여자를 만났다.

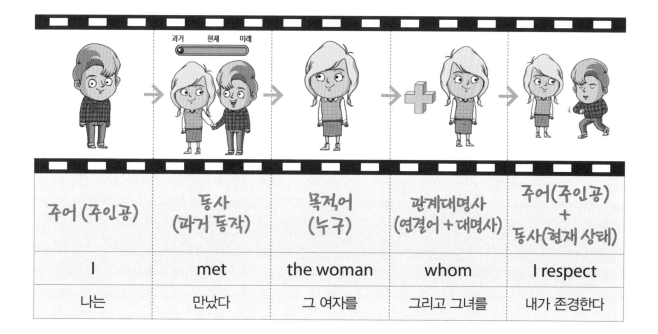

STEP 1   그림으로 이해하기

주어 (주인공)	동사 (과거 동작)	목적어 (누구)	관계대명사 (연결어 + 대명사)	주어(주인공) + 동사(현재 상태)
I	met	the woman	whom	I respect
나는	만났다	그 여자를	그리고 그녀를	내가 존경한다

 〈주인공 + 과거 동작 + 누구 + 연결어 + 대명사 + 주인공 + 현재 상태〉의 문장 표현

앞문장의 목적어와 뒷문장의 목적어가 서로 같을 경우 한 문장으로 이어 주는 방법이 있어요.

①He is the teacher. + ②I like him.

1. 1단계 – 두 문장에서 서로 공통된 부분을 찾아요. 여기서는 the teacher와 him이 공통된 부분이에요.

    ex) He is the teacher. 그는 선생님이다. + I like him. 나는 그를 좋아한다.

2. 2단계 – 뒷문장의 공통된 부분을 연결어로 바꾸어 앞 문장 바로 뒤에 써요.

    ex) He is the teacher whom(=and him) I like. 그는 선생님인데 나는 그를 좋아한다.

Quiz 1

아래의 우리말을 영어로 써 보세요.

* 나는 내가 존경하는 그 여자를 만났다.

→ _____ .

① 문장을 연결하는 관계대명사 whom

두 문장의 공통된 부분이 사람인 동시에 목적어일 경우, 연결어로 whom을 써요. 즉, 뒷문장의 목적어(대명사)를 whom으로 바꾸면 돼요. 이 때 whom은 and(그리고)라는 말과 뒷문장의 사람 목적어가 서로 합쳐진 말이라고 이해하면 돼요.

I 나는	met 만났다	the woman 그 여자를	whom 그리고 그녀를	I 내가	respect 존경한다

We 우리는	saw 보았다	the man 그 남자를	whom 그리고 그를	we 우리가	like 좋아한다

② 문장을 연결하는 관계대명사 which

두 문장의 공통된 부분이 동물이나 사물인 동시에 목적어일 경우 연결어로 which를 써요. 즉, 뒷문장의 목적어를 which로 바꾸면 돼요.

They 그들은	ate 먹었다	the pasta 그 파스타를	which 그리고 그것을	they 그들이	make 만든다

He 그는	sold 팔았다	the toy 그 장난감을	which 그리고 그것을	he 그가	hates 싫어한다

👆 한 가지만 더!

who는 뒷문장의 주어가 공통부분일 때, whom은 뒷문장의 목적어가 공통부분일 때 사용해요. 그런데 which는 who나 whom과 달리 뒷문장의 주어나 목적어가 공통 부분일 때 모두 which로 써요.

Quiz 2

whom 또는 which를 사용하여 다음 두 문장을 한 문장으로 합쳐 보세요.

1 He ate the pasta. + They make it.

→ _____ .

2 I met the woman. + We like her.

→ _____ .

🎧 3-24 음성을 들으며 차례대로 2번씩 따라 말해 보세요.

1 ❶ I

나는

❷ I met

나는 만났다

❸ I met the woman

나는 만났다 그 여자를

❹ I met the woman whom

나는 만났다 그 여자를 그리고 그녀를

❺ I met the woman whom I respect.

나는 만났다 그 여자를 그리고 그녀를 내가 존경한다

2 ❶ We

우리는

❷ We saw

우리는 보았다

❸ We saw the man

우리는 보았다 그 남자를

❹ We saw the man whom

우리는 보았다 그 남자를 그리고 그를

❺ We saw the man whom we like.

우리는 보았다 그 남자를 그리고 그를 우리가 좋아한다

3 ❶ They

그들은

❷ They ate

그들은 먹었다

❸ They ate the pasta

그들은 먹었다 그 파스타를

❹ They ate the pasta which

그들은 먹었다 그 파스타를 그리고 그것을

❺ They ate the pasta which they make.

그들은 먹었다 그 파스타를 그리고 그것을 그들이 만든다

4 ❶ He

그는

❷ He sold

그는 팔았다

❸ He sold the toy

그는 팔았다 그 장난감을

❹ He sold the toy which

그는 팔았다 그 장난감을 그리고 그것을

❺ He sold the toy which he hates.

그는 팔았다 그 장난감을 그리고 그것을 그가 싫어한다

영어의 어순에 맞게 다음 빈칸을 채워 보세요.

	주어 (주인공)	동사 (과거 동작)	목적어 (누구)	관계 대명사 (연결어 + 대명사)	주어 (주인공) + 동사 (현재 상태)
1	나는				
	나는	만났다			
	나는	만났다	그 여자를		
	나는	만났다	그 여자를	그리고 그녀를	
	나는	만났다	그 여자를	그리고 그녀를	내가 존경한다
2	우리는				
	우리는	보았다			
	우리는	보았다	그 남자를		
	우리는	보았다	그 남자를	그리고 그를	
	우리는	보았다	그 남자를	그리고 그를	우리가 좋아한다
3	그들은				
	그들은	먹었다			
	그들은	먹었다	그 파스타를		
	그들은	먹었다	그 파스타를	그리고 그것을	
	그들은	먹었다	그 파스타를	그리고 그것을	그들이 만든다
4	그는				
	그는	팔았다			
	그는	팔았다	그 장난감을		
	그는	팔았다	그 장난감을	그리고 그것을	
	그는	팔았다	그 장난감을	그리고 그것을	그가 싫어한다

▶ 정답은 71페이지 참조

Practice 3

1 다음 그림이 나타내는 문장을 써 보세요.

1

_____ .

2
_____ .

3
_____ .

4
_____ .

2 다음 단어와 뜻이 서로 맞는 것끼리 연결하세요

1	bought	○	○	인정하다
2	admit	○	○	믿다
3	honest	○	○	용감한
4	believe	○	○	샀다
5	hate	○	○	정직한
6	brave	○	○	싫어하다

3 오른쪽 문장을 읽고 해당되는 단어로 빈칸을 채워 보세요.

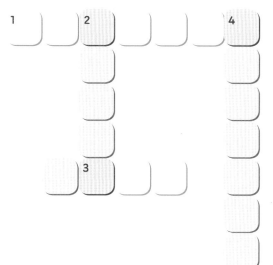

Across

1 나는 그가 군인이라는 것을 안다.
  I know that he is a
  _____ .

3 우리는 우리가 좋아하는 그 남자를 보았다.
  We saw the man _____ we like.

Down

2 엄마는 그들을 위해 점심을 만들어 주었다.
  Mom made _____ for them.

4 나는 내가 존경하는 그 여자를 만났다.
  I met the woman whom I
  _____ .

④ 다음 문장 요소들의 번호를 어순에 맞게 써 보세요.

1
①	②	③	④
I	an e-mail	sent	to him

( ) → ( ) → ( ) → ( )

2
①	②	③	④
She is	I admit	honest	that

( ) → ( ) → ( ) → ( )

3
①	②	③	④
Mom	for them	lunch	made

( ) → ( ) → ( ) → ( )

4
①	②	③	④
I believe	a car	it was	that

( ) → ( ) → ( ) → ( )

⑤ 다음 우리말 어순을 영어 어순으로 바꿔 쓰세요.

1 나는 그들이 용감할 것이라고 생각한다.   →   .

2 그들은 그들이 만드는 그 파스타를 먹었다.   →   .

3 그는 함께 놀 친구들이 없다.   →   .

4 우리는 쓸 편지를 가지고 있다.   →   .

5 우리는 그녀에게 책 한 권을 주었다.   →   .

6 아빠는 그 아기를 위해 장난감을 사 주었다.   →   .

⑥ 다음 밑줄 친 부분에서 잘못된 곳을 찾아 바르게 고쳐 쓰세요. (단, Chapter 3에서 제시된 문장을 사용해 주세요.)

1 I admit that <u>she honest</u>.   →   - .

2 They find a house to live <u>with</u>.   →   - .

3 He sold the toy <u>whom</u> he hates.   →   - .

4 I sent <u>an e-mail him</u>.   →   - .

5 I need water <u>drink</u>.   →   - .

6 I think that they <u>be</u> brave.   →   - .

Chapter 4

4형식 어순 익히기

주어

동사

간접목적어

직접목적어

✓CHECK UP!

단어를 들으며 5번씩 따라 읽어 보세요!

🎧 3-25

UNIT 13

taught
가르쳤다

showed
보여주었다

socks
양말

last week
지난 주에

in the morning
아침에

last month
지난 달에

in the afternoon
오후에

last year
지난 해에

in the evening
저녁에

last night
지난 밤에

at night
밤에

🎧 3-27

UNIT 14

promised
약속했다

ordered
명령했다

asked
요청했다

be quiet
조용히 하다

place
장소

theater
극장

party
파티

lobby
로비

🎧 3-29

UNIT 15

if
~인지

tidy
단정한

frank
솔직한

🎧 3-31

UNIT 16

what
무엇

who
누구

to whom
누구에게

I bought him socks last week.

지난주에 나는 그에게 양말을 사 주었다.

STEP 1   그림으로 이해하기

주어 (주인공)	동사 (과거 동작)	간접 목적어 (사람)	직접 목적어 (물건)	부사구 (시간)
I	bought	him	socks	last week
나는	사주었다	그에게	양말을	지난주에

〈주인공 + 과거 동작 + 사람 + 물건 + 시간〉의 문장 표현

어떤 사람에게 물건을 사 주었는데, 언제 사 주었는지를 알려주고 싶으면 시간 표현을 물건 뒤에 붙여주면 돼요. 이때 시간 표현은 '전치사 + 명사'의 형태도 있지만 '형용사 + 명사' 형태로 나타내기도 해요. 위에서는 last(지난)라는 형용사와 week(주)라는 명사가 결합하여 '지난주에'라는 뜻을 나타내고 있어요.

Quiz 1

아래의 우리말을 영어로 써 보세요.

* 지난주에 나는 그에게 양말을 사 주었다.

→ _____ .

❶ 주어 + 동사 + 간접 목적어(누구에게) + 직접 목적어(물건)

I 나는	bought 사 주었다	him 그에게	socks 양말을
We 우리는	taught 가르쳐 주었다	her 그녀에게	English 영어를
They 그들은	showed 보여 주었다	us 우리에게	the picture 그 그림을
He 그는	sent 보냈다	me 나에게	an e-mail 이메일을

❷ 시간을 나타내는 주요 표현들

시간을 나타내는 표현은 last week처럼 '형용사 + 명사'의 형태로 나올 수도 있고, in the morning처럼 '전치사 + 명사'의 형태로 나올 수도 있어요.

last week 지난주에	in the morning 아침에
last month 지난달에	in the afternoon 오후에
last year 지난해에	in the evening 저녁에
last night 지난밤에	at night 밤에

Quiz 2

우리말을 참고하여 빈칸에 알맞은 말을 영어로 쓰세요.

1 _____ 지난달에   2 _____ 지난해에

3 _____ 아침에   4 _____ 밤에

🎧 3-26 음성을 들으며 차례대로 2번씩 따라 말해 보세요.

1 ❶ I   나는

❷ I bought   나는 사 주었다

❸ I bought him   나는 사 주었다 그에게

❹ I bought him socks   나는 사 주었다 그에게 양말을

❺ I bought him socks last week.   나는 사 주었다 그에게 양말을 지난주에

2 ❶ We   우리는

❷ We taught   우리는 가르쳐 주었다

❸ We taught her   우리는 가르쳐 주었다 그녀에게

❹ We taught her English   우리는 가르쳐 주었다 그녀에게 영어를

❺ We taught her English
in the morning.   우리는 가르쳐 주었다 그녀에게 영어를
아침에

3 ❶ They   그들은

❷ They showed   그들은 보여 주었다

❸ They showed us   그들은 보여 주었다 우리에게

❹ They showed us the picture   그들은 보여 주었다 우리에게 그 그림을

❺ They showed us the picture
last month.   그들은 보여 주었다 우리에게 그 그림을
지난달에

4 ❶ He   그는

❷ He sent   그는 보냈다

❸ He sent me   그는 보냈다 내게

❹ He sent me an e-mail   그는 보냈다 내게 이메일을

❺ He sent me an e-mail at night.   그는 보냈다 내게 이메일을 밤에

영어의 어순에 맞게 다음 빈칸을 채워 보세요.

	주어 (주인공)	동사 (과거 동작)	간접 목적어 (사람)	직접목적어 (물건)	부사구 (시간)
1	나는				
	나는	사 주었다			
	나는	사 주었다	그에게		
	나는	사 주었다	그에게	양말을	
	나는	사 주었다	그에게	양말을	지난주에
2	우리는				
	우리는	가르쳐 주었다			
	우리는	가르쳐 주었다	그녀에게		
	우리는	가르쳐 주었다	그녀에게	영어를	
	우리는	가르쳐 주었다	그녀에게	영어를	아침에
3	그들은				
	그들은	보여 주었다			
	그들은	보여 주었다	우리에게		
	그들은	보여 주었다	우리에게	그 그림을	
	그들은	보여 주었다	우리에게	그 그림을	지난달에
4	그는				
	그는	보냈다			
	그는	보냈다	내게		
	그는	보냈다	내게	이메일을	
	그는	보냈다	내게	이메일을	밤에

▶ 정답은 79페이지 참조

UNIT 14

I promised him to meet at the place.

나는 그에게 그 장소에서 만날 것을 약속했다.

STEP 1　그림으로 이해하기

주어 (주인공)	동사 (과거 동작)	간접 목적어 (사람)	직접목적어 (행동할 것)	전치사 (위치) + 명사 (장소)
I	promised	him	to meet	at the place
나는	약속했다	그에게	만날 것을	그 장소에서

 〈주인공 + 과거 동작 + 누구에게 + 행동할 것을 + 장소〉의 문장 표현

'누구에게'에 해당하는 간접목적어 뒤에 '행동할 것'이라는 직접목적어가 나올 수 있다는 사실을 이미 배웠어요. 그런데 만약 장소를 나타내는 표현을 써야 할 경우에는 직접목적어 뒤에 그 표현을 붙여주기만 하면 돼요.

Quiz 1

아래의 우리말을 영어로 써 보세요.

* 나는 그에게 그 장소에서 만날 것을 약속했다.

→ _____ .

❶ 주어 + 동사 + 간접 목적어(누구에게) + 직접 목적어(행동할 것)

'누구에게'와 '행동할 것'을 동시에 써야 할 경우 '누구에게' 다음에 '행동할 것'을 써 주면 돼요.

I 나는	promised 약속했다	him 그에게	to meet 만날 것을
We 우리는	told 말했다	her 그녀에게	to be quiet 조용히 할 것을
They 그들은	ordered 명령했다	us 우리에게	to smile 웃을 것을
He 그는	asked 요청했다	me 내게	to help 도움을 줄 것을

❷ 전치사 + 장소 명사

장소를 나타내는 표현은 대개 '전치사 + 명사'의 형태로 흔히 나타내며, '～에서'라는 뜻을 지니고 있어요.

ex) at + <u>the place</u>
　　전치사　　명사

at the place 그 장소에서	in the theater 그 극장 안에서
at the party 그 파티에서	in the lobby 그 로비 안에서

✓ Quiz 2

(　　) 안의 단어들을 우리말에 맞게 순서대로 쓰세요.

1 I promised (to, him, the, meet, in, lobby).

나는 그에게 그 로비 안에서 만날 것을 약속했다.

→ I promised _____ .

2 We asked (her, be, quiet, to, place, at, the).

우리는 그녀에게 그 장소에서 조용히 할 것을 요청했다.

→ We asked _____ .

🎧 3-28 음성을 들으며 차례대로 2번씩 따라 말해 보세요.

1 ❶ I   나는

❷ I promised   나는 약속했다

❸ I promised him   나는 약속했다 그에게

❹ I promised him to meet   나는 약속했다 그에게 만날 것을

❺ I promised him to meet   나는 약속했다 그에게 만날 것을
at the place.   그 장소에서

2 ❶ We   우리는

❷ We told   우리는 말했다

❸ We told her   우리는 말했다 그녀에게

❹ We told her to be quiet   우리는 말했다 그녀에게 조용히 할 것을

❺ We told her to be quiet   우리는 말했다 그녀에게 조용히 할 것을
in the theater.   그 극장 안에서

3 ❶ They   그들은

❷ They ordered   그들은 명령했다

❸ They ordered us   그들은 명령했다 우리에게

❹ They ordered us to smile   그들은 명령했다 우리에게 웃을 것을

❺ They ordered us to smile   그들은 명령했다 우리에게 웃을 것을
at the party.   그 파티에서

4 ❶ He   그는

❷ He asked   그는 요청했다

❸ He asked me   그는 요청했다 나에게

❹ He asked me to help   그는 요청했다 나에게 도와줄 것을

❺ He asked me to help   그는 요청했다 나에게 도와줄 것을
in the lobby.   그 로비 안에서

영어의 어순에 맞게 다음 빈칸을 채워 보세요.

	주어 (주인공)	동사 (과거 동작)	간접 목적어 (사람)	직접목적어 (행동할 것)	전치사 (위치) + 명사 (장소)
1	나는				
	나는	약속했다			
	나는	약속했다	그에게		
	나는	약속했다	그에게	만날 것을	
	나는	약속했다	그에게	만날 것을	그 장소에서
2	우리는				
	우리는	말했다			
	우리는	말했다	그녀에게		
	우리는	말했다	그녀에게	조용히 할 것을	
	우리는	말했다	그녀에게	조용히 할 것을	그 극장 안에서
3	그들은				
	그들은	명령했다			
	그들은	명령했다	우리에게		
	그들은	명령했다	우리에게	웃을 것을	
	그들은	명령했다	우리에게	웃을 것을	그 파티에서
4	그는				
	그는	요청했다			
	그는	요청했다	나에게		
	그는	요청했다	나에게	도와줄 것을	
	그는	요청했다	나에게	도와줄 것을	그 로비 안에서

▶ 정답은 83페이지 참조

I told him that we were tired.
나는 그에게 우리가 지쳤다는 것을 말했다.

STEP 1   그림으로 이해하기

주어 (주인공)	동사(과거 동작)	간접목적어 (사람)	접속사 (연결하는 말)	직접목적어 (문장)
I	told	him	that	we were tired
나는	말했다	그에게	~는 것을	우리가 지쳤다

<주인공 + 과거 동작 + 사람 + 연결하는 말 + 문장>의 문장 표현

'누가 누구에게 무엇을 말했다.'라는 4형식 문장에서, '무엇'에 해당하는 표현에 사물을 나타내는 단어가 아닌, 한 개의 문장이 올 수도 있어요. 이럴 경우 간접목적어와 문장 사이에는 that이라고 하는 연결어가 들어가서 '~는 것'이라는 뜻을 나타내게 돼요.

Quiz 1

아래의 우리말을 영어로 써 보세요.

* 나는 그에게 우리가 지쳤다는 것을 말했다.

→ _____ .

❶ 주어 + 동사 + 간접목적어(사람) + that + 직접목적어(문장)

'주어 + 동사 + 간접목적어' 다음에 직접목적어로 한 단어가 아니라 한 문장이 오는 경우가 있어요.

I 나는	told 말했다	him 그에게	that ~는 것을	we were tired 우리가 피곤했다
We 우리는	told 말했다	them 그들에게	that ~는 것을	she was excited 그녀가 신났었다
They 그들은	asked 물었다	me 내게	if ~인지	he was tidy 그가 단정했다
He 그는	asked 물었다	us 우리에게	if ~인지	they were frank 그들이 솔직했다

👆 한 가지만 더!

if는 '~인지'의 뜻으로써, 어떤 사실을 물어볼 때 흔히 사용하는 접속사예요.

❷ 관계대명사 that **vs** 접속사 that

– 단순히 문장과 문장을 이어 주는 기능을 할 경우에는 that이 접속사의 역할을 해요.

　ex) ① I told her. 나는 그녀에게 말했다. + ② he was smart. 그가 똑똑했다.

　　　→ I told her that he was smart. 나는 그녀에게 그가 똑똑했다고 말했다.

　　　→ ①과 ② 모두 공통된 부분이 없으므로 이때 that은 접속사예요.

– 두 문장에 공통된 부분이 있으면 그 공통된 부분이 that속에 포함이 되며, 관계대명사의 역할을 해요.

　ex) ① I gave him the pencil case. 나는 그에게 필통을 주었다. + ② I like it. 나는 그것을 좋아한다.

　　　→ I gave him the pencil case that I like. 나는 그에게 내가 좋아하는 필통을 주었다.

　　　→ ①의 the pencil case, ②의 it이 공통된 부분이므로 이때 that은 관계대명사예요.

☑ **Quiz 2**

다음 that이 접속사면 A, 관계대명사면 B로 표시하세요.

1 I told him <u>that</u> you were tired. 　　　　（　　）

　나는 그에게 네가 지쳤다고 말했다.

2 I gave her the pencil case <u>that</u> he likes. 　（　　）

　나는 그녀에게 그가 좋아하는 필통을 주었다.

🎧 3-30 음성을 들으며 차례대로 2번씩 따라 말해 보세요.

1 ❶ I
　　나는

❷ I told
　　나는 말했다

❸ I told him
　　나는 말했다 그에게

❹ I told him that
　　나는 말했다 그에게 ~는 것을

❺ I told him that we were tired.
　　나는 말했다 그에게 ~는 것을 우리가 피곤했다

2 ❶ We
　　우리는

❷ We told
　　우리는 말했다

❸ We told them
　　우리는 말했다 그들에게

❹ We told them that
　　우리는 말했다 그들에게 ~는 것을

❺ We told them that
she was excited.
　　우리는 말했다 그들에게 ~는 것을
　　그녀가 신났었다

3 ❶ They
　　그들은

❷ They asked
　　그들은 물었다

❸ They asked me
　　그들은 물었다 내게

❹ They asked me if
　　그들은 물었다 내게 ~인지

❺ They asked me if
he was tidy.
　　그들은 물었다 내게 ~인지
　　그가 단정했다

4 ❶ He
　　그는

❷ He asked
　　그는 물었다

❸ He asked us
　　그는 물었다 우리에게

❹ He asked us if
　　그는 물었다 우리에게 ~인지

❺ He asked us if
they were frank.
　　그는 물었다 우리에게 ~인지
　　그들이 솔직했다

영어의 어순에 맞게 다음 빈칸을 채워 보세요.

	주어 (주인공)	동사 (과거 동작)	간접 목적어 (사람)	접속사 (연결하는 말)	직접목적어 (문장)
1	나는				
	나는	말했다			
	나는	말했다	그에게		
	나는	말했다	그에게	~는 것을	
	나는	말했다	그에게	~는 것을	우리가 피곤했다
2	우리는				
	우리는	말했다			
	우리는	말했다	그들에게		
	우리는	말했다	그들에게	~는 것을	
	우리는	말했다	그들에게	~는 것을	그녀가 신났었다
3	그들은				
	그들은	물었다			
	그들은	물었다	내게		
	그들은	물었다	내게	~인지	
	그들은	물었다	내게	~인지	그가 단정했다
4	그는				
	그는	물었다			
	그는	물었다	우리에게		
	그는	물었다	우리에게	~인지	
	그는	물었다	우리에게	~인지	그들이 솔직했다

▶ 정답은 87페이지 참조

UNIT 16

What did you give him?

너는 그에게 무엇을 주었니?

STEP 1   그림으로 이해하기

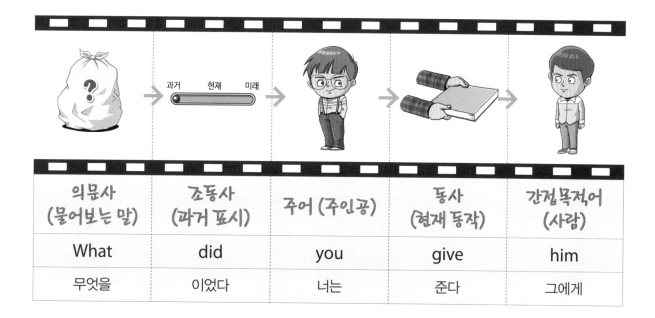

의문사 (물어보는 말)	조동사 (과거 표시)	주어 (주인공)	동사 (현재 동작)	간접목적어 (사람)
What	did	you	give	him
무엇을	이었다	너는	준다	그에게

 〈무엇 + 과거 표시 + 주인공 + 현재 동작 + 사람〉의 문장 표현

'누가 누구에게 무엇을 주었다.'라는 4형식 문장에서, '무엇을'이라는 내용을 몰라서 물어봐야 할 경우가 있어요. 이럴 경우에는 물어보고 싶은 의문사를 맨 처음 써 준 다음, do라는 동사를 때에 맞춰 쓰면 돼요. 즉, 과거 시제일 땐 did, 현재 시제일 땐 do, 미래 시제일 땐 will do예요. 그 다음의 순서는 원래 4형식 문장의 순서와 같아요. 그리고 의문문이므로 맨 마지막엔 항상 '?'를 써야 한다는 걸 잊어서는 안 돼요.

Quiz 1

아래의 우리말을 영어로 써 보세요.

* 너는 그에게 무엇을 주었니?

→ _____ ?

89

① 4형식 문장의 의문문

다음의 4형식 문장에서 각각의 요소를 물어보려고 할 때 어떻게 해야 할지 익혀 보도록 해요.

<u>I</u> gave <u>him</u> <u>the book</u>. 나는 그에게 그 책을 주었다. (4형식)
①   ②   ③

1) ①을 물어볼 때
   ① 'I'를 물어 볼 때 필요한 의문사를 생각한다 → 'I'는 사람이므로 who로 물어본다.
   ② 시제가 무엇인지 파악한다 → gave의 시제는 과거이므로 의문사 다음에 did를 쓴다.
   ③ 그 뒤의 나머지 부분은 순서대로 나열한다. → give him the book

Who 누가	did 이었다	give 주다	him 그에게	the book 그 책을 ?
				?

2) ②를 물어볼 때
   ① 'him'을 물어 볼 때 필요한 의문사를 생각한다 → 'him'은 '그에게'이므로 To whom(누구에게)으로 물어본다.
   ② 시제가 무엇인지 파악한다 → gave의 시제는 과거이므로 의문사 다음에 did를 쓴다.
   ③ 그 뒤의 나머지 부분은 순서대로 나열한다. → you give the book

To whom 누구에게	did 이었다	you 너는	give 주다	the book 그 책을 ?
				?

3) ③을 물어볼 때
   ① 'the book'을 물어 볼 때 필요한 의문사를 생각한다. → 'the book'은 사물이므로 what으로 물어본다.
   ② 시제가 무엇인지 파악한다. → gave의 시제는 과거이므로 의문사 다음에 did를 쓴다.
   ③ 그 뒤의 나머지 부분은 순서대로 나열한다. → you give him

What 무엇을	did 이었다	you 너는	give 주다	him 그에게 ?
				?

② 4형식 문장의 미래 의문문

미래를 나타낼 땐 did나 do 자리에 will을 써 주면 돼요.

ex) What will you give him? 너는 그에게 무엇을 줄 거니?

Quiz 2

왼쪽의 의문문이 물어보는 단어를 오른쪽 문장에서 찾아 ○ 하세요.

What did you give him? → I gave him the book.

3-32　음성을 들으며 차례대로 2번씩 따라 말해 보세요.

1 ❶ What　　　　　　　　　　　　무엇을

　 ❷ What did　　　　　　　　　　무엇을 이었다

　 ❸ What did you　　　　　　　　무엇을 이었다 너는

　 ❹ What did you give　　　　　　무엇을 이었다 너는 준다

　 ❺ What did you give him ?　　　무엇을 이었다 너는 준다 그에게 ?

2 ❶ Who　　　　　　　　　　　　누가

　 ❷ Who did　　　　　　　　　　누가 이었다

　 ❸ Who did give　　　　　　　　누가 이었다 준다

　 ❹ Who did give him　　　　　　누가 이었다 준다 그에게

　 ❺ Who did give him the book ?　누가 이었다 준다 그에게 그 책을 ?

3 ❶ To whom　　　　　　　　　　누구에게

　 ❷ To whom did　　　　　　　　누구에게 이었다

　 ❸ To whom did you　　　　　　누구에게 이었다 너는

　 ❹ To whom did you give　　　　누구에게 이었다 너는 준다

　 ❺ To whom did you give the book ?　누구에게 이었다 너는 준다 그 책을 ?

문장의 주인공이 3인칭 단수, 즉
he, she, it 등이고, 시제가 현재일
때는 do 대신 does를 써주면 돼요.
ex) What does she give him? 그
녀는 그에게 무엇을 주니?

STEP 4   문장의 어순 훈련하기

영어의 어순에 맞게 다음 빈칸을 채워 보세요.

의문사 (물어보는 말)	조동사 (과거 표시)	주어 (주인공)	동사 (현재 동작)	간접목적어 (사람)	직접목적어 (무엇)
1 무엇을					
무엇을	이었다				
무엇을	이었다	너는			
무엇을	이었다	너는	준다		
무엇을	이었다	너는	준다	그에게	
2 누가					
누가	이었다				
누가	이었다		준다		
누가	이었다		준다	그에게	
누가	이었다		준다	그에게	그 책을
3 누구에게					
누구에게	이었다				
누구에게	이었다	너는			
누구에게	이었다	너는	준다		
누구에게	이었다	너는	준다		그 책을

▶ 정답은 91페이지 참조

Practice 4

1 다음 그림이 나타내는 문장을 써 보세요.

1

------------------------------------.

2

------------------------------------.

3

------------------------------?

4
------------------------------------.

2 다음 단어와 뜻이 서로 맞는 것끼리 연결하세요.

1	month	○		○	달, 월
2	ask	○		○	묻다
3	tidy	○		○	솔직한
4	frank	○		○	단정한
5	told	○		○	지친
6	tired	○		○	말했다

3 오른쪽 문장을 읽고 해당되는 단어로 빈칸을 채워 보세요.

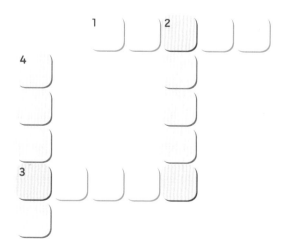

Across

1 나는 그에게 그 장소에서
만날 것을 약속했다.
I promised him to meet
at the _____.

3 나는 그에게 우리가 지쳤
다고 말했다.
I told him that we were
_____.

Down

2 그들은 내게 그가 단정했는지
물었다.
They _____ me if he was
tidy.

4 그들은 그 파티에서 우리에게
웃을 것을 명령했다.
They ordered us to smile at
the _____.

4 다음 카드들의 번호를 어순에 맞게 써 보세요.

1
① He asked ② in the lobby ③ to help ④ me

( ) → ( ) → ( ) → ( )

2
① did you ② give ③ him ④ What

( ) → ( ) → ( ) → ( )

3
① an e-mail ② He sent ③ at night ④ me

( ) → ( ) → ( ) → ( )

4
① us ② if they ③ He asked ④ were frank

( ) → ( ) → ( ) → ( )

5 다음 우리말 어순을 영어 어순으로 바꿔 쓰세요.

1 나는 그에게 그 장소에서 만날 것을 약속했다.　　→ 　　　　　　　　　.

2 나는 지난주에 그에게 양말을 사 주었다.　　→ 　　　　　　　　　.

3 그들은 지난 달에 우리에게 그 그림을 보여주었다.　　→ 　　　　　　　　　.

4 누가 그에게 그 책을 주었니?　　→ 　　　　　　　　　?

5 그는 우리에게 그들이 솔직했는지 물었다.　　→ 　　　　　　　　　.

6 너는 누구에게 그 책을 주었니?　　→ 　　　　　　　　　?

6 다음 밑줄 친부분에서 잘못된 곳을 찾아 바르게 고쳐 쓰세요. (단, Chapter 4에서 제시된 문장을 사용해 주세요.)

1 We told her <u>be quiet</u> in the theater.　→ 　-------------------------- .

2 He asked <u>help me</u> in the lobby.　→ 　-------------------------- .

3 I bought <u>socks him</u> last week.　→ 　-------------------------- .

4 We taught her English <u>morning</u>.　→ 　-------------------------- .

5 We told <u>to them</u> she <u>excited</u>.　→ 　-------------------------- .

6 To <u>who</u> did you <u>gave</u> the book?　→ 　-------------------------- ?

Chapter 5

5형식 어순 익히기

주어

동사 목적어 목적보어

단어를 들으며 5번씩 따라 읽어 보세요!

🎧3-33
UNIT
17

worker	일꾼
carry	옮기다
repair	수리하다
carried	옮겨진
repaired	수리된
by him	그에 의해
by the worker	그 일꾼에 의해

🎧3-35
UNIT
18

call	부르다
kid	아이
Tom	탐
Jack	잭
Sara	사라
Candy	캔디
house	집
office	사무실

🎧3-37
UNIT
19

allowed	허락했다
expected	기대했다
feed	먹이다
some	어떤
dinner	저녁 식사
TV	텔레비전

🎧3-39
UNIT
20

saw	보았다
heard	들었다
studying	공부하고 있는 것
singing	노래 부르고 있는 것
play	노는 것
English	영어
loudly	크게

I had him carry my bag.

나는 그에게 나의 가방을 옮기도록 하였다.

STEP 1   그림으로 이해하기

주어 (주인공)	사역 동사 (시키는 동작)	목적어 1 (사람)	목적보어 (행동하는 것)	목적어 2 (소유격 + 명사)
I	had	him	carry	my bag
나는	하였다	그에게	옮기도록	나의 가방을

 〈주인공 + 시키는 동작 + 사람 + 행동하는 것 + 소유격 + 명사〉의 문장 표현

우리는 흔히 남에게 어떤 일을 시키거나 하게 할 때가 있어요. 이 때 쓰는 동사를 '사역동사'라고 해요. 즉, '사역동사'는 '~을 시키다, ~을 하게 하다'라는 뜻을 지니고 있어요. 사역동사 뒤의 목적어가 사람일 경우 목적보어는 항상 '동사원형'이 나와야 해요.

Quiz 1

아래의 우리말을 영어로 써 보세요.

* 나는 그에게 나의 가방을 옮기도록 하였다.

→ _____ .

❶ **사역동사 have (시키다, 하게 하다) + 목적어 (사람) + 목적보어 (동사원형)**

남에게 어떤 일을 시키거나 하게 하는 경우를 나타내는 사역동사 다음에 목적어로 사람이 올 경우에는 목적보어로 '동사원형'을 써야만 해요.

had 하였다	**him** 그에게	**carry my bag** 나의 가방을 옮기도록
had 하였다	**the worker** 그 일꾼에게	**repair my bike** 나의 자전거를 수리하도록

❷ **사역동사 have (시키다, 하게 하다) + 목적어 (사물) + 목적보어 (과거분사)**

남에게 어떤 일을 시키거나 하게 하는 경우를 나타내는 사역동사 다음에 목적어로 사물이 올 경우에는 목적보어로 '~되어진'이라는 뜻을 나타내는 '과거분사'를 써야만 해요. 왜냐하면 목적어인 사물은 누군가에 의해 처리되므로 항상 '수동'의 입장에 놓이기 때문이에요.

had 하였다	**my bag** 나의 가방이	**carried** 옮겨지도록	**by him** 그에 의해
had 하였다	**my bike** 나의 자전거가	**repaired** 수리되도록	**by the worker** 그 일꾼에 의해

☞ **한 가지만 더!**
사물이 목적어로 나올 경우 목적보어(~되어진) 뒤에는 'by + (대)명사'의 형태로 그 행위자를 써 줘요.

✔
Quiz 2

다음 중 맞는 문장에 ○, 틀린 문장에 × 하세요.

1 I had him repaired my bike.   (   )

2 I had my bag repaired by him.   (   )

3 I had the worker to carry my bag.   (   )

4 I had my bike carried by the worker.   (   )

3-34 음성을 들으며 순서대로 따라 말해 보세요.

1 ❶ I   나는

❷ I had   나는 하였다

❸ I had him   나는 하였다 그에게

❹ I had him carry   나는 하였다 그에게 옮기도록

❺ I had him carry **my bag.**   나는 하였다 그에게 옮기도록 나의 가방을

2 ❶ I   나는

❷ I had   나는 하였다

❸ I had the worker   나는 하였다 그 일꾼에게

❹ I had the worker repair   나는 하였다 그 일꾼에게 고치도록

❺ I had the worker repair
   my bike.   나는 하였다 그 일꾼에게 고치도록
                                            나의 자전거를

3 ❶ I   나는

❷ I had   나는 하였다

❸ I had my bag   나는 하였다 나의 가방이

❹ I had my bag carried   나는 하였다 나의 가방이 옮겨지도록

❺ I had my bag carried
   by him.   나는 하였다 나의 가방이 옮겨지도록
                                            그에 의해

4 ❶ I   나는

❷ I had   나는 하였다

❸ I had my bike   나는 하였다 나의 자전거가

❹ I had my bike repaired   나는 하였다 나의 자전거가 수리되도록

❺ I had my bike repaired
   by the worker.   나는 하였다 나의 자전거가 수리되도록
                                            그 일꾼에 의해

영어의 어순에 맞게 다음 빈칸을 채워 보세요.

	주어 (주인공)	사역 동사 (시키는 동작)	목적어 1 (사람)	목적 보어 (행동하는 것)	목적어 2 (소유격 + 명사 / by + 사람)
1	나는				
	나는	하였다			
	나는	하였다	그에게		
	나는	하였다	그에게	옮기도록	
	나는	하였다	그에게	옮기도록	나의 가방을
2	나는				
	나는	하였다			
	나는	하였다	그 일꾼에게		
	나는	하였다	그 일꾼에게	고치도록	
	나는	하였다	그 일꾼에게	고치도록	나의 자전거를
3	나는				
	나는	하였다			
	나는	하였다	나의 가방이		
	나는	하였다	나의 가방이	옮겨지도록	
	나는	하였다	나의 가방이	옮겨지도록	그에 의해
4	나는				
	나는	하였다			
	나는	하였다	나의 자전거가		
	나는	하였다	나의 자전거가	수리되도록	
	나는	하였다	나의 자전거가	수리되도록	그 일꾼에 의해

▶ 정답은 99페이지 참조

I call the kid Tom in the house.

나는 그 집에서 그 아이를 탐이라고 부른다.

STEP 1 그림으로 이해하기

주어 (주인공)	동사 (현재 동작)	목적어 (사람)	목적보어 (이름)	전치사 (위치) + 명사 (장소)
I	call	the kid	Tom	in the house
나는	부른다	그 아이를	탐이라고	그 집에서

 〈주인공 + 현재 동작 + 사람 + 이름 + 위치 + 장소〉의 문장 표현

'주인공'과 '현재 동작' 다음에 목적어로 사람이 나올 경우, 그 뒤의 목적보어로 그 사람의 이름을 나타낼 경우가 있어요. 이럴 때 목적어의 사람과 목적보어의 사람은 같은 사람을 나타내게 돼요.

Quiz 1

아래의 우리말을 영어로 써 보세요.

* 나는 그 집에서 그 아이를 탐이라고 부른다.

→ _____ .

❶ **call(부르다) + 목적어(사람) + 목적보어(이름) + 전치사 (위치) + 명사 (장소)**

'누구를 누구라고 부른다'라는 말을 쓰려면 그 대상이 되는 사람을 쓰고, 그 뒤에 이름이나 호칭을 쓰면 돼요.

I 나는	call 부른다	the kid 그 아이를	Tom 탐이라고	in the house 그 집에서
We 우리는	call 부른다	the man 그 남자를	Jack 잭이라고	in the school 그 학교에서
They 그들은	call 부른다	the girl 그 소녀를	Sara 사라라고	in the office 그 사무실에서
He 그는	calls 부른다	the dog 그 개를	Candy 캔디라고	in the shop 그 가게에서

❷ **목적어(사람) = 목적보어(이름)**

'누구를 누구라고 부른다'라는 표현에서는 목적어와 목적보어가 같은 사람을 나타내요.

ex) I call the kid Tom in the house. 나는 그 집에서 그 아이를 탐이라고 부른다.   → the kid = Tom
　　We call the man Jack in the school. 우리는 그 학교에서 그 남자를 잭이라고 부른다.   → the man = Jack
　　They call the girl Sara in the office. 그들은 그 사무실에서 그 소녀를 사라라고 부른다. → the girl = Sara
　　He calls the dog Candy in the shop. 그는 그 가게에서 그 개를 캔디라고 부른다.   → the dog = Candy

Quiz 2

우리말을 참고하여 빈칸에 알맞은 말을 영어로 쓰세요.

1 I call the _____ Jack _____.   나는 그 학교에서 그 남자를 잭이라고 부른다.

2 We call the _____ Candy _____.   우리는 그 집에서 그 소녀를 캔디라고 부른다.

3 They call the _____ Sara _____.   그들은 그 가게에서 그 개를 사라라고 부른다.

4 He calls the _____ Tom _____.   그는 그 사무실에서 그 아이를 탐이라고 부른다.

🎧 3-36 음성을 들으며 차례대로 2번씩 따라 말해 보세요.

1 **❶** I 나는

❷ I call 나는 부른다

❸ I call the kid 나는 부른다 그 아이를

❹ I call the kid Tom 나는 부른다 그 아이를 탐이라고

❺ I call the kid Tom in the house. 나는 부른다 그 아이를 탐이라고 그 집에서

2 **❶** We 우리는

❷ We call 우리는 부른다

❸ We call the man 우리는 부른다 그 남자를

❹ We call the man Jack 우리는 부른다 그 남자를 잭이라고

❺ We call the man Jack in the school. 우리는 부른다 그 남자를 잭이라고 그 학교에서

3 **❶** They 그들은

❷ They call 그들은 부른다

❸ They call the girl 그들은 부른다 그 소녀를

❹ They call the girl Sara 그들은 부른다 그 소녀를 사라라고

❺ They call the girl Sara in the office. 그들은 부른다 그 소녀를 사라라고 그 사무실에서

4 **❶** He 그는

❷ He calls 그는 부른다

❸ He calls the dog 그는 부른다 그 개를

❹ He calls the dog Candy 그는 부른다 그 개를 캔디라고

❺ He calls the dog Candy in the shop. 그는 부른다 그 개를 캔디라고 그 가게에서

영어의 어순에 맞게 다음 빈칸을 채워 보세요.

	주어 (주인공)	동사 (현재 동작)	목적어 (사람)	목적 보어 (이름)	전치사 (위치) + 명사 (장소)
1	나는				
	나는	부른다			
	나는	부른다	그 아이를		
	나는	부른다	그 아이를	탐이라고	
	나는	부른다	그 아이를	탐이라고	그 집에서
2	우리는				
	우리는	부른다			
	우리는	부른다	그 남자를		
	우리는	부른다	그 남자를	잭이라고	
	우리는	부른다	그 남자를	잭이라고	그 학교에서
3	그들은				
	그들은	부른다			
	그들은	부른다	그 소녀를		
	그들은	하였다	그 소녀를	사라라고	
	그들은	하였다	그 소녀를	사라라고	그 사무실에서
4	그는				
	그는	부른다			
	그는	부른다	그 개를		
	그는	부른다	그 개를	캔디라고	
	그는	부른다	그 개를	캔디라고	그 가게에서

▶ 정답은 103페이지 참조

I asked him to bring some food.

나는 그에게 음식을 갖다줄 것을 요청했다.

STEP 1 그림으로 이해하기

주어 (주인공)	동사 (과거 동작)	목적어 (사람)	목적보어 (to + 동사원형)	동사원형의 목적어 (무엇)
I	asked	him	to bring	some food
나는	요청했다	그에게	갖다 줄 것을	음식을

 <주인공 + 과거 동작 + 사람 + to + 동사원형 + 무엇>의 문장 표현

문장의 주인공과 동작을 나타내는 동사 다음에 목적어와 목적보어가 나란히 왔어요. 그런데 목적보어에는 명사뿐만 아니라 'to + 동사원형'의 형태가 올 수 있어요. 그리고 'to + 동사원형'의 목적어 역할을 하는 명사가 또 나올 수도 있어요. 위의 문장에서는 some food가 목적보어인 to bring의 목적어로 쓰인 거예요.

Quiz 1

아래의 우리말을 영어로 써 보세요.

＊ 나는 그에게 음식을 갖다줄 것을 요청했다.

→ _____ .

목적보어로 'to + 동사원형 + 명사'가 오는 5형식 문장들을 익혀 보아요.

❶ asked + 목적어 (사람) + 목적보어 (to + 동사원형 + 명사)

I 나는	asked 요청했다	him 그에게	to bring 갖다줄 것을	some food 음식을

❷ told + 목적어 (사람) + 목적보어 (to + 동사원형 + 명사)

We 우리는	told 말했다	them 그들에게	to have 먹을 것을	dinner 저녁을

❸ allowed + 목적어 (사람) + 목적보어 (to + 동사원형 + 명사)

They 그들은	allowed 허락했다	me 내게	to watch 볼 것을	TV TV를

❹ expected +목적어 (사람) + 목적보어 (to + 동사원형 + 명사)

He 그는	expected 기대했다	us 우리에게	to feed 먹일 것을	the dog 그 개를

Quiz 2

우리말을 참고하여 빈칸에 알맞은 말을 영어로 쓰세요.

1 I asked them _____. 나는 그들에게 그 개를 먹일 것을 요청했다.

2 They expected us _____. 그들은 우리에게 음식을 갖다줄 것을 기대했다.

3 He allowed me _____. 그는 내게 저녁을 먹을 것을 허락했다.

4 We told him _____. 우리는 그에게 TV를 볼 것을 말했다.

🎧 3-38 음성을 들으며 차례대로 2번씩 따라 말해 보세요.

1 ❶ I 나는

❷ I asked 나는 요청했다

❸ I asked him 나는 요청했다 그에게

❹ I asked him to bring 나는 요청했다 그에게 갖다줄 것을

❺ I asked him to bring **some food.** 나는 요청했다 그에게 갖다줄 것을 **음식을**

2 ❶ We 우리는

❷ We told 우리는 말했다

❸ We told them 우리는 말했다 그들에게

❹ We told them to have 우리는 말했다 그들에게 먹을 것을

❺ We told them to have **dinner.** 우리는 말했다 그들에게 먹을 것을 **저녁을**

3 ❶ They 그들은

❷ They allowed 그들은 허락했다

❸ They allowed me 그들은 허락했다 내게

❹ They allowed me to watch 그들은 허락했다 내게 볼 것을

❺ They allowed me to watch **TV.** 그들은 허락했다 내게 볼 것을 **TV를**

4 ❶ He 그는

❷ He expected 그는 기대했다

❸ He expected us 그는 기대했다 우리에게

❹ He expected us to feed 그는 기대했다 우리에게 먹일 것을

❺ He expected us to feed **the dog.** 그는 기대했다 우리에게 먹일 것을 **그 개를**

영어의 어순에 맞게 다음 빈칸을 채워 보세요.

	주어 (주인공)	동사 (과거 동작)	목적어 (사람)	목적보어 (to + 동사원형)	동사원형의 목적어 (무엇)
1	나는				
	나는	요청했다			
	나는	요청했다	그에게		
	나는	요청했다	그에게	갖다줄 것을	
	나는	요청했다	그에게	갖다줄 것을	음식을
2	우리는				
	우리는	말했다			
	우리는	말했다	그들에게		
	우리는	말했다	그들에게	먹을 것을	
	우리는	말했다	그들에게	먹을 것을	저녁을
3	그들은				
	그들은	허락했다			
	그들은	허락했다	내게		
	그들은	허락했다	내게	볼 것을	
	그들은	허락했다	내게	볼 것을	TV를
4	그는				
	그는	기대했다			
	그는	기대했다	우리에게		
	그는	기대했다	우리에게	먹일 것을	
	그는	기대했다	우리에게	먹일 것을	그 개를

▶ 정답은 107페이지 참조

I saw him studying English hard.

나는 그가 열심히 영어를 공부하고 있는 것을 보았다.

STEP 1   그림으로 이해하기

주어 (주인공)	동사 (과거 동작)	목적어 (사람)	목적보어 (무엇을 행동하는 것)	부사 (어떻게)
I	saw	him	studying English	hard
나는	보았다	그가	영어를 공부하고 있는 것을	열심히

 〈주인공 + 과거 동작 + 사람 + 무엇을 행동하는 것 + 어떻게〉의 문장 표현

문장의 주인공 다음에 '보다' 혹은 '듣다'처럼 사람의 감각을 나타내는 동사가 나올 수 있어요. 그리고 이러한 동사를 '지각동사'라고 불러요. 이 지각동사 다음에 목적어가 사람일 경우 목적보어로는 항상 '동사원형'이나 '현재분사'인 '~ing' 형태가 나와야 해요.

Quiz 1

아래의 우리말을 영어로 써 보세요.

＊ 나는 그가 열심히 영어를 공부하고 있는 것을 보았다.

→ _____ .

❶ saw (보았다) + 목적어 (누가) + 목적보어 (무엇을 행동하는 것을) + 방법 (어떻게)

saw 보았다	him 그가	studying English 영어를 공부하고 있는 것을	hard 열심히
saw 보았다	her 그녀가	write a letter 편지를 쓰는 것을	carefully 조심스럽게

❷ heard (들었다) + 목적어 (누가) + 목적보어 (무엇을 행동하는 것을) + 방법 (어떻게)

heard 들었다	me 내가	singing a song 노래를 부르고 있는 것을	loudly 시끄럽게
heard 들었다	them 그들이	play the piano 피아노를 연주하는 것을	fast 빠르게

❸ 목적보어 (현재분사)와 목적보어 (동사원형)의 차이

지각동사 다음에 목적보어로 현재분사가 올 때와 동사원형이 올 때는 어떠한 차이가 있는지 알아 보아요.

▶ 목적보어로 현재분사가 올 때 → 지금 막 진행 중인 일을 나타냄.
  ex) I saw him crossing the bridge. 나는 그가 다리를 건너고 있는 것을 보았다.
    → 그가 지금 막 다리를 건너고 있는 상황을 나타내요.

▶ 목적보어로 동사원형이 올 때 → 동작이 이미 끝난 상황을 나타냄.
  ex) I saw him cross the bridge. 나는 그가 다리를 건너는 것을 보았다.
    → 그가 다리를 건넜던 사실을 나타내요.

Quiz 2

우리말을 참고하여 빈칸에 알맞은 말을 영어로 쓰세요.

1 I _____ him _____ a song.   나는 그가 노래를 부르고 있는 것을 들었다.
2 We _____ them _____ a letter.   우리는 그들이 편지를 쓰는 것을 보았다.
3 They _____ me _____ the piano.   그들은 내가 피아노를 연주하는 것을 들었다.
4 He _____ her _____ English.   그는 그녀가 영어를 공부하고 있는 것을 보았다.

🎧 3-40 음성을 들으며 차례대로 2번씩 따라 말해 보세요.

1 ❶ I   나는

  ❷ I saw   나는 보았다

  ❸ I saw him   나는 보았다 그가

  ❹ I saw him studying English   나는 보았다 그가 영어를 공부하고 있는 것을

  ❺ I saw him studying English   나는 보았다 그가 영어를 공부하고 있는 것을
     hard.   열심히

2 ❶ We   우리는

  ❷ We saw   우리는 보았다

  ❸ We saw her   우리는 보았다 그녀가

  ❹ We saw her write a letter   우리는 보았다 그녀가 편지를 쓰는 것을

  ❺ We saw her write a letter   우리는 보았다 그녀가 편지를 쓰는 것을
     carefully.   조심스럽게

3 ❶ They   그들은

  ❷ They heard   그들은 들었다

  ❸ They heard me   그들은 들었다 내가

  ❹ They heard me singing a song   그들은 들었다 내가 노래를 부르고 있는 것을

  ❺ They heard me singing a song   그들은 들었다 내가 노래를 부르고 있는 것을
     loudly.   시끄럽게

4 ❶ He   그는

  ❷ He heard   그는 들었다

  ❸ He heard them   그는 들었다 그들이

  ❹ He heard them play the piano   그는 들었다 그들이 피아노를 연주하는 것을

  ❺ He heard them play the piano   그는 들었다 그들이 피아노를 연주하는 것을
     fast.   빠르게

영어의 어순에 맞게 다음 빈칸을 채워 보세요.

	주어 (주인공)	동사 (과거 동작)	목적어 (사람)	목적 보어 (무엇을 행동하는 것)	부사 (어떻게)
1	나는				
	나는	보았다			
	나는	보았다	그가		
	나는	보았다	그가	영어를 공부하고 있는 것을	
	나는	보았다	그가	영어를 공부하고 있는 것을	열심히
2	우리는				
	우리는	보았다			
	우리는	보았다	그녀가		
	우리는	보았다	그녀가	편지를 쓰는 것을	
	우리는	보았다	그녀가	편지를 쓰는 것을	조심스럽게
3	그들은				
	그들은	들었다			
	그들은	들었다	내가		
	그들은	들었다	내가	노래를 부르고 있는 것을	
	그들은	들었다	내가	노래를 부르고 있는 것을	시끄럽게
4	그는				
	그는	들었다			
	그는	들었다	그들이		
	그는	들었다	그들이	피아노를 연주하는 것을	
	그는	들었다	그들이	피아노를 연주하는 것을	빠르게

▶ 정답은 111페이지 참조

Practice 5

① 다음 그림이 나타내는 문장을 써 보세요.

1
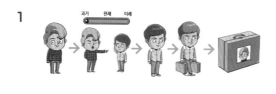

_____ .

2

_____ .

3

_____ .

4

_____ .

② 다음 단어와 뜻이 서로 맞는 것끼리 연결하세요.

1 bike   ○   ○ 사무실
2 office   ○   ○ 저녁(식사)
3 shop   ○   ○ 조심스럽게
4 dinner   ○   ○ 시끄럽게
5 carefully   ○   ○ 가게
6 loudly   ○   ○ 자전거

③ 오른쪽 문장을 읽고 해당되는 단어로 빈칸을 채워 보세요.

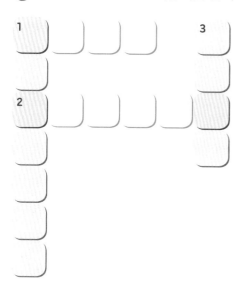

Across

1 나는 그 집에서 그 아이를
   탐이라고 부른다
   I _____ the kid Tom in
   the house.

2 나는 그 일꾼에게 나의 자
   전거를 고치도록 하였다.
   I had the worker _____
   my bike.

Down

1 나는 나의 가방이 그에
   의해 옮겨지도록 하였다.
   I had my bag _____
   by him

3 나는 그가 영어를 열심
   히 공부하고 있는 것을
   보았다.
   I saw him studying
   English _____ .

4 다음 카드들의 번호를 어순에 맞게 써 보세요.

1
① We ② Jack ③ call ④ the man

( ) → ( ) → ( ) → ( )

2
① them ② dinner ③ to have ④ We told

( ) → ( ) → ( ) → ( )

3
① We saw ② her ③ write ④ a letter

( ) → ( ) → ( ) → ( )

4
① I ② him ③ had ④ my bag

( ) → ( ) → ( ) → ( )

5 다음 우리말 어순을 영어 어순으로 바꿔 쓰세요.

1 나는 그 일꾼에게 나의 자전거를 고치도록 하였다. →   .

2 나는 그에 의해 나의 가방이 옮겨지도록 하였다. →   .

3 우리는 그 학교에서 그 남자를 잭이라고 부른다. →   .

4 그들은 우리에게 그 개를 먹일 것을 기대했다. →   .

5 그들은 내가 시끄럽게 노래를 부르고 있는 것을 들었다. →   .

6 그들은 그 사무실에서 그 소녀를 사라라고 부른다. →   .

6 다음 밑줄 친 부분에서 잘못된 곳을 찾아 바르게 고쳐 쓰세요. (단, Chapter 5에서 제시된 문장을 사용해 주세요.)

1 We saw her <u>to write</u> a letter carefully. → -------------------------------- .

2 They call <u>Sara the girl</u> in the office. → -------------------------------- .

3 I asked him <u>bring</u> some food. → -------------------------------- .

4 He heard them <u>to play</u> piano fast. → -------------------------------- .

5 They allowed me <u>watch</u> TV. → -------------------------------- .

6 I had my bike <u>repair</u> by the worker. → -------------------------------- .

Chapter 1

Unit 01

QUIZ 1

The boy in the playground runs

QUIZ 2

1 at

2 on

3 in

Unit 02

QUIZ 1

I go there to meet her

QUIZ 2

1 to see her　　2 to meet them

3 to buy it　　4 to bring him

Unit 03

Quiz 1

I smile but you cry

QUIZ 2

1 but

2 or

3 and

Unit 04

Quiz 1

There is a book on the table

QUIZ 2

1 are

2 will be

3 was

Practice 1

1　1 The boy in the playground runs

　　2 I go there to meet her

　　3 I smile but you cry

　　4 There is a book on the table

2　1 운동장　2 역　　　3 파리, 날다

　　4 오리들　5 연필　　6 지우개들

3　Across　1 grass　3 smile

　　Down　　2 apples　4 spot

4　1 ①-②-③-④　2 ①-④-②-③

　　3 ②-①-④-③　4 ①-④-③-②

5　1 There were erasers in the drawer

　　2 The boy in the playground runs

　　3 He spoke and she listened

　　4 They will come here to buy it

　　5 There is a book on the table

　　6 We visited there to see them

6　1 There are pencils on the desk

　　2 The boy in the playground runs

　　3 He spoke and she listened

　　4 The girl in the classroom stands

　　5 There are erasers in the drawer

　　6 They will come here to buy it

Chapter 2

Unit 05

QUIZ 1

The book on the desk is mine

QUIZ 2

1 on, his   2 on, ours

3 in, hers

Unit 06

QUIZ 1

I was late because I missed the bus

QUIZ 2

1 because, he, missed

2 because, I, won

3 because, we, did

Unit 07

Quiz 1

Both you and I are diligent

QUIZ 2

1 Both, and, are   2 Either, or, am

3 Either, or, is   4 Both, and, are

Unit 08

Quiz 1

He is the man who writes books

QUIZ 2

1 He is the man who speaks Spanish

---

2 It is the dog which likes pictures

Practice 2

❶ 1 The book on the desk is mine

2 I was late because I missed the bus

3 Both you and I are diligent

4 He is the man who writes books

❷ 1 나의 것   2 말하다   3 부지런한

4 바닥   5 스페인어 6 벽

❸ Across   1 both   2 kitchen

Down   1 bike   3 singer

❹ 1 ③-②-①-④   2 ①-③-②-④

3 ③-①-②-④   4 ②-①-③-④

❺ 1 We were happy because we won the game

2 The book on the desk is mine

3 Both he and she are my friends

4 The computer on the floor is ours

5 It is the book which shows pictures

6 She is my friend who speaks Spanish

❻ 1 He was tired because he did the work

2 He is the man who writes books

3 The bag in the room is theirs

4 Both you and I are diligent

5 The picture on the wall is yours

6 It is the dog which likes us

Chapter 3

Unit 09

QUIZ 1

I need water to drink

QUIZ 2

1 to, drink   2 to, write

3 to, live, in   4 to, play, with

Unit 10

QUIZ 1

I sent an e-mail to him

(= I sent him an e-mail)

QUIZ 2

1 to, her

2 for, the, baby

3 to, him

4 for, them

Unit 11

Quiz 1

I know that he is a soldier

QUIZ 2

1 I know that he is honest

2 I think that she is a soldier

3 I believe that it will be a car

4 I admit that they were brave

Unit 12

Quiz 1

I met the woman whom I respect

QUIZ 2

1 He ate the pasta which they make

2 I met the woman whom we like

Practice 3

❶ 1 I need water to drink

  2 I sent an e-mail to him

  3 I know that he is a soldier

  4 I met the woman whom I respect

❷ 1 샀다   2 인정하다   3 정직한

  4 믿다   5 싫어하다   6 용감한

❸ Across   1 soldier   3 whom

  Down   2 lunch   4 respect

❹ 1 ①-③-②-④   2 ②-④-①-③

  3 ①-④-③-②   4 ①-④-③-②

❺ 1 I think that they will be brave

  2 They ate the pasta which they make

  3 He has no friends to play with

  4 We have a letter to write

  5 We gave a book to her

    (= We gave her a book)

  6 Dad bought toys for the baby

❻ 1 I admit that she is honest

  2 They find a house to live in

  3 He sold the toy which he hates

  4 I sent an e-mail to him

    (= I sent him an e-mail)

  5 I need water to drink

  6 I think that they will be brave

Chapter 4

Unit 13

QUIZ 1

I bought him socks last week

QUIZ 2

1 last month
2 last year
3 in the morning
4 at night

Unit 14

QUIZ 1

I promised him to meet at the place

QUIZ 2

1 him to meet in the lobby
2 her to be quiet at the place

Unit 15

Quiz 1

I told him that we were tired

QUIZ 2

1 A   2 B

Unit 16

Quiz 1

What did you give him

QUIZ 2

the book

Practice 4

❶ 1 I promised him to meet at the place
2 I bought him socks last week
3 What did you give him
4 I told him that we were tired

❷ 1 달, 월   2 묻다   3 단정한
4 솔직한   5 말했다   6 지친

❸ Across   1 place   3 tired
Down   2 asked   4 party

❹ 1 ①-④-③-②   2 ④-①-②-③
3 ②-④-①-③   4 ③-①-②-④

❺ 1 I promised him to meet at the place
2 I bought him socks last week
3 They showed us the picture last month
4 Who did give him the book
5 He asked us if I they were frank
6 To whom did you give the book

❻ 1 We told her to be quiet in the theater
2 He asked me to help in the lobby
3 I bought him socks last week
4 We taught her English in the morning
5 We told them that she was excited
6 To whom did you give the book

Chapter 5

Unit 17

QUIZ 1

I had him carry my bag

QUIZ 2

1 ✕   2 ○

3 ✕   4 ○

Unit 18

QUIZ 1

I call the kid Tom in the house

QUIZ 2

1 man, in the school   2 girl, in the house

3 dog, in the shop   4 kid, in the office

Unit 19

Quiz 1

I asked him to bring some food

QUIZ 2

1 to, feed, the, dog

2 to, bring, some, food

3 to, have, dinner

4 to, watch, TV

Unit 20

Quiz 1

I saw him studying English hard

QUIZ 2

1 heard, singing   2 saw, write

3 heard, play   4 saw, studying

Practice 5

❶ 1 I had him carry my bag

     2 I call the kid Tom in the house

     3 I asked him to bring some food

     4 I saw him studying English hard

❷ 1 자전거   2 사무실   3 가게

     4 저녁(식사)   5 조심스럽게   6 시끄럽게

❸ Across   1 call   3 repair

    Down   1 carried   3 hard

❹ 1 ①-③-④-②   2 ④-①-③-②

     3 ①-②-③-④   4 ①-③-②-④

❺ 1 I had the worker repair my bike

     2 I had my bag carried by him

     3 We call the man Jack in the school

     4 They expected us to feed the dog

     5 They heard me singing a song loudly

     6 They call the girl Sara in the office

❻ 1 We saw her write a letter carefully

     2 They call the girl Sara in the office

     3 I asked him to bring some food

     4 He heard them play the piano fast

     5 They allowed me to watch TV

     6 I had my bike repaired by the worker